U0899143

THE WAY OF THE SEAL

海豹突击队成功之道

像精英战士一样思考如何做到领先和成功

THINK LIKE AN ELITE WARRIOR TO LEAD AND SUCCEED

【美】马克·迪万　艾里森·埃德赫兹·马查特
Mark Divine　Allyson Edelhertz Machate

中国青年出版社
CHINA YOUTH PRESS
中青文传媒

图书在版编目（CIP）数据

海豹突击队成功之道：像精英战士一样思考如何做到领先和成功 /
（美）迪万，（美）马查特著；柳正奎译.
—北京：中国青年出版社，2015.3
书名原文：The way of the SEAL: think like an elite warrior to lead and succeed
ISBN 978-7-5153-3080-8
Ⅰ.①海… Ⅱ.①迪… ②马… ③柳… Ⅲ.①成功心理—通俗读物 Ⅳ.①B848.4-49
中国版本图书馆CIP数据核字（2014）第306320号

海豹突击队成功之道：
像精英战士一样思考如何做到领先和成功

作　　者：[美] 马克·迪万　艾里森·埃德赫兹·马查特
译　　者：柳正奎
责任编辑：肖　佳　庞冰心
美术编辑：张燕楠
出　　版：中国青年出版社
发　　行：北京中青文文化传媒有限公司
电　　话：010-65511270/65516873
公司网址：www.cyb.com.cn
购书网址：zqwts.tmall.com　www.diyijie.com
制　　作：中青文制作中心
印　　刷：三河市文通印刷包装有限公司
版　　次：2015年4月第1版
印　　次：2015年4月第1次印刷
开　　本：787×1092　1/16
字　　数：180千字
印　　张：15.5
京权图字：01-2014-4989
书　　号：ISBN 978-7-5153-3080-8
定　　价：39.00元

PRAISE FOR THE WAY OF THE SEAL AND MARK DIVINE

对《海豹突击队成功之道》和马克·迪万的赞誉

本书给了人们一种启示。不论你是做什么的，这本书都将让你在人生各领域的“成功就像呼吸一样自然”。从小企业主到金融大咖，每个人都会从马克·迪万非凡的精辟见解中获益良多。

——苏珊·索洛维克，获奖企业家、知名媒体人

畅销书《女性成功秘诀》作者

马克·迪万在《海豹突击队成功之道》一书中讲述他当武术家、美国海军海豹突击队员、商人以及教师/教练的经历，给了我们一套工具和技巧，这套方法已经证明能帮助人们形成强烈的目标感，培养高度的意志力和更富有创造性的能力。

——罗宾·布朗，斯克里普斯·格林医院总裁

《海豹突击队成功之道》是21世纪的《五轮书》(宫本武藏兵法)。马克·迪万是个真正的大师。

——唐·曼，美国海军海豹突击队退役队员

《纽约时报》畅销书《海豹突击队六队内幕》作者

这不仅仅是一本商业书籍，它还将一个人理解领导力和个人卓越真正含义的远见卓识与实践举措结合了起来。

——卡麦恩·迪·斯比奥

阿提哈德航空公司客户服务部全球管理合伙人

我们是参加了2012年奥运会的四名自行车运动员，在比赛不久前才刚刚开始集训。当时马克·迪万给我们提供了独特的建议，让我们成为了更加协调的团队。

——珍妮·里德、多奇·鲍施、莎拉·哈默、劳伦·塔马约

2012年奥运会美国女子自行车队，银牌得主

《海豹突击队成功之道》是一幅清晰的、可付诸实践的个人成功蓝图，它包含协助你达到目标、实现理想人格的战略战术。

——霍华德·拉夫，LovetoKnow.com网站创建者

连续创业家、风险投资人

不管你是《财富》世界500强的首席执行官、想要建立自己商业帝国的企业家、学生，还是运动员，你都会在迪万中校所著的这本书中，发现构筑你下一个人生最高峰的完整路线图。这是一本必读之书！”

——乔·施通普夫，房地产教练、“By Referral Only”创办人

马克不仅是海豹突击队员，他还有能力教我们所有的人在日常生活中怎么做。

——乔·德·塞纳，斯巴达勇士赛创建者

马克·迪万中校在美国海军海豹突击队的精英圈内是位久经考验的领袖，在圈外是位成功的企业家和大众的良师益友。如果你要在人生中站稳立场，找到目标，看这本书就够了。

—布兰登·韦伯，美国退役海豹突击队员

纽约时报畅销书《狙击尖兵》作者

THE **WAY** OF THE

SEAL

TABLE OF CONTENTS

目 录

THE WAY OF THE

SEAL

A NOTE TO THE READER

致读者

我猜想你们都对那些屡见不鲜、换汤不换药、重新包装的有关自我提升和领导力的信息感到十分厌倦。

你或许是位行政主管，在今天极富挑战性的经济和商业环境下谋求生存之道，或是进一步提升；你可能是学生，在考虑选择何种职业，如何建立成年后的健康人际关系，以及通常要怎样思考并做出更好的决定；你也可能是位抚养孩子的妈妈或者丈夫，在面对纷繁杂务应接不暇时考虑如何完全发挥出自己的潜力；你还可能是位特战部队的候选者，希望在竞争中占据优势，提高你竞选成功的胜算。

好啦，在所有上述这些情况下，你都是在正确的时间选择了正确的书籍。这是一本专注于领导力和个人卓越的新书——一本关于一个人在沙漠、热带丛林、满目苍夷的城市以及海洋等阴森的特战世界里进行锤炼的书籍。我倾注了自己作为一个海军海豹突击队军官20年的经历，加上25年武术和15年瑜伽教练经验，以及6个拥有数百万美元规模的成功企业的经验和心血，融合成为这样一本独特、高效而且即看即用的作品，任何人都可以将其用来让自己成为业界精英。

毫无疑问，你已经读过有关海豹突击队的内容，或者在电影里，在“发现频道”里看过有关他们的生活和执行任务的表演。这并不是说，海豹突击队员生来就体格健壮，而且聪明过人。但是想想这个问题：这个项目每年的毕业生总共不到200人，他们是从数以千计的竞争者中选拔出来的。在过去的6年里，在我的海豹突击队健身训练学院项目里，至少花三周时间训练的候选学员，才能获得90%以上的成功率成为真正的蛙人。为什么？因为我知道海豹突击队员怎么思考、怎么行动、怎么训练。我在本书中试图揭示这些原则和练习方法，教给你怎么把它们整合到你的生活里，继而你就能在你所做的所有事情当中成功地达到精英水平。美国海军花了纳税人足够多的钱，训练我和我的特战队员同伴们，所以做一点回报也在情理之中。

人们发电子邮件、打电话给我，问我是不是只有海豹突击队候选队员才能在我的公司里训练。我的回答是响亮的“不！”事实上，虽然我是为海豹突击队和其他特种作战候选队员建立科科罗训练营（Kokoro Camp）项目，但是75%的参加者是商界或者其它行业的专业人士。我认为虽然并不是所有人都有成为海军海豹突击队员的身体能力、机会，甚至愿望，但是任何人都能培养同样的意志力、领导素质和获胜的态度。如果我能卖一瓶灵丹妙药让你的思维模式变成海豹突击队式的，我愿意。但是这瓶药我还没做出来，这本书就算作第一剂药方吧。

我可以非常谦虚地说，我是唯一能写出这本书的人。在我的海豹突击队生涯之前，我是一个拿了纽约大学伦纳德斯特恩商学院工商管理学硕士学位的注册会计师。我可能是唯一一个成为海豹突击队员的注册会计师——这除了证明我的第一个职业选择错位了，别的也说明不了什么。说我在25岁时人生规划就完全搞错了，选择了抛弃一切去实现当海豹突击队员的愿望……说这个过程如何不容易，这些都是可笑的托辞。我的父母亲一直希望我能加入我们的家族企业（迪万兄弟制造公司已有120多年的历史）。转变方向，对我来说，无论从专业方面还是从个人的角度都存在着变数很大的风险。我18岁刚刚中学毕业时，希望自己有这么一个工具箱，能对自己了如指掌，并帮助我选择更好的目标。这样的话我就有可能为家里节省好几千美元，还能为我自己节省许多时间，免受痛苦。

通过一个面向没有军事经历或者后备军官训练队背景学生的特别计划，海军最终选择我进入候补军官学校，参加基本水下爆破海豹突击队训练（BUDS）。我是 1990年班级里的优等生，从180名左右脱颖而出的仅有的19名优胜者中的优秀毕业生。我总共服役9年，然后做了11年的海豹突击队预备军官。海军曾两次动员调配我到中东做预备军官，最后一次是去巴格达。

但是最终的结果是，我的血液里毕竟有商业基因。

在我第一轮服役期满后，我开了一家啤酒餐厅，掌管一家软件公司，创建了一个在线支持、训练候选特战队员的门户网站NavySEALs.com。在2006年，当我从最后的预备役复员后，我组建了“美国战术公司”，美国海军征兵司令部雇佣我的公司建立了全国范围的指导项目，用来训练未来的海豹突击队候选队员。这个项目在第一年就成功地把候选人筛选测试通过率从33%提高到80%以上。在2007年，我决定为公众提供训练服务，并启动海豹突击队健身训练。从那以后，我用本书中概括的原则对数千名学员进行训练，这些原则都源于海豹突击队的训练方法和我们前辈战士传统的行为准则，我对身体的、身心交互的实践，例如瑜伽和空手道，以及我自己跨学科、全面培训（我称之为“整合训练”）的经历。我训练过海豹突击队员和其它特种作战候选队员、各种类型的专业人士和公司行政主管。我的实验室就是我著名的“海豹突击队健身训练学院”，通过对身体和精神方面进行挑战性训练来锻炼意志力，我通过我最近创建的风险企业“战无不胜大脑学院”磨练了我的技术能力和哲学底蕴，这个学院主要讲授心理、情感和精神原则。我甚至对目睹我的一些学生们发生的改变感到吃惊。

虽然我们是以团队的形式工作，但是每一个海军海豹突击队员都会成为我要在比赛中教给你的那种领导的典范。一个遵循“像海豹突击队员一样思考”的领导就是一个首先掌握他或她自己思想、情感、本能和独特能力之力量的专业人士，他在这么做的时候赢得了他人的信任和尊敬，自然而然就成为了一位领导者。因此，本书所讲的原则是建立在领导者个人技能的基础之上；这种方法非常重要，即使你没有感觉到你在目前的工作中处于领导地位。每个精英队员都有很强的领导技能，因为他们知道，领导他自己和领导他人一样重要。虽然我们把注意力集中在商业领域，但是，同样的技能也会让你在生活中的每个领域实现很高的目标。

贯彻“海豹突击队成功之道”意味着什么?

❑ 你将学会简化、明晰你的生活，因此你能带着强烈的目的意识、任务目标和你赖以生存的价值观前进，而不只是在思考。你会感到你的存在有意义，你将不会感到遗憾。

❑ 你将学会在面对生活中最激烈的疾风暴雨时保持冷静，居于中心。

❑ 你会形成主宰任何任务和挑战的意志力。

❑ 你将养成一种本能的决策能力，当危险和机遇迫近时，你能预先感知。

❑ 你的情感会更加平衡，你将能够理解他人从何而来，预知他们的需要。

❑ 你会成为一位更加可靠、受尊重、值得信赖、有说服力的领导者。

❑ 你会成为一个更好的人。你的家庭、团队和社区都会从你的努力中受益，世界会因你的贡献而变成更加美好的地方。

我为你选择了和我一起走上这段旅程而感到荣幸和谦卑。选择“海豹突击队成功之道”并不是一件容易的事——虽然你一开始应用这些原则时就会注意到你对事情的感觉和反应有变化，但是转变不会在一夜之间发生。超常结果的关键是用新习惯代替旧习惯，包括旧的思维、行动和信仰方式。如果你能跟着我坚持下来，把“海豹突击队成功之道”的原则完全融入你的生活，那么你就能完成你能看得见的任何目标，不管是得到晋升、创办成功的新企业、达到更高的健康水平，还是享受圆满的家庭生活和婚姻或者获得学位。

你会掌握一些简单的技巧来应对变化，在混乱的情况下发挥重要作用，相信你的直觉。你会持之以恒地坚持一种习惯，学会接受风险，消除对失败的极度恐惧感。你会培养“进攻性思维方式”，深化意识，让自己做出的每一个决定都是强有力的重拳出击。你将学会超常规思考，知道怎么在伦理认可的界限之内打破常规。

千里之行始于足下，你已经迈出了这一步。让我们一起努力，在生活中像海豹突击队员一样思考，像海豹突击队员一样行动，你就能够在任何环境中生存下来。现在就开始，加油吧！

马克·迪万

2013年于加利福尼亚州恩西尼塔斯

THE WAY OF THE SEAL

INTRODUCTION : LEAD FROM THE FIELD

前言　在战场上领导

> 你不能只在心里想，一动不动地站在那里，什么也不干。
>
> 詹姆斯·艾伦，英国哲学家、作家（1864—1912）

1990年9月份，我和我的同学们在海军特种作战训练中心，站在300位来访者、工作人员和学生的面前，参加毕业典礼，即将变成大多数人只能羡慕的人：真正的富有激情、跳伞、深海潜水、演示臂力、跑步、射击的海军海豹突击队蛙人。仅在几个月之前，我还在纽约市，做着一个学习成绩突出、思想保守、做着最原始美国梦的完美男孩。我放弃了与坏蛋打仗，拯救困境中的少女的童年幻想，愉快地接受了文化洗礼，进入事业渠道，获得了文凭，给自己定下了未来赚钱的目标。在不经意间，我的内心跟上了更微妙的鼓点节奏。

我的人生之路带我走向会计与管理咨询行业。或许你选择了医学、法律、银行、信息技术或者其它任何传统领域，几年后，你会发现自己已经在某个职业中站稳脚跟了。你可能仍然热爱自己的职业，但是你在想，你在事业上的成功为什么没有给你生活中的其它领域带来幸福和安宁呢。或许将来有一天，你还会发现自己在迷惑，你是怎么走到这里的，或者更糟糕的是，你在这里干什么。你可能像我一样，发现自己在想，你为什么不幸福，你是否在人生之路上搭错了车。

当我正在做激烈的思想斗争，考虑要不要离开纽约时，谚语中“压断骆驼脊梁的那根稻草”终于到来了。我对日常工作的痛苦折磨感到厌倦，只有在武馆里的紧张锻炼或者清晨在大街上跑步才感到内心无比的安宁。有一次跑步时，我看见了海军征兵办公室外面的一张海报。“做一个特别的人。”这话语无比诱惑。“对!”我想。“我想做一个特别的人。我现在感觉自己就像冰冷机器的大轮子上的一个齿轮。”就像我的童年幻想那样，我对为他人服务的想法感到着迷，当我想象每天以最高的水平参与行动，在一个具有相同价值观的团队里挑战自己，感到无比激动。然而，直到我和我最后一个客户凯恩一起工作时，我才搞清楚自己的决定。

凯恩公司是一个家庭开办的造纸公司，在1988年长岛国防工业“以权谋私丑闻”中被查出问题。公司生产国防承包商使用的包装，用来运输大型航空航天部件。当那个大承包商因向政府官员行贿被曝光时，像凯恩这样的转包商也在调查中被卷入其中。美国国税局盯住了这些轻而易举的目标，并坚持认为他们雇佣了审计员为他们挖掘、分析了大量的数据。我的“八大会计师事务所”顾问派我和一位监督人，以及另一个初级审计员，对凯恩进行审计。

“这些家伙根本不想走，”一天下午，我透过办公室墙壁听到乔·凯恩这么说，“他们在这个过程中就想整垮整个公司，要我父亲的命。”创建者的儿子在电话里对他的兄弟姐妹们说，他们竭尽全力想保住这个公司，这时候老凯恩突然患了癌症，家人都认为他的这个病是因为审计的巨大压力所造成的。当然，一个月以后，凯恩先生就去世了。

这个消息对我的打击很大——我感觉好像是我亲手杀死了这个人。小凯恩说得对：我们本来可以在三个月内完成任务，但是老板让我们一直呆在那里消磨时间，因为他们的背后是美国国税局。我们为难这个公司的方式让我感到震惊。凯恩不再是我们的客户了；主要的动机变成了获取收费时间。

在我看来，整个事情就像给猪涂口红。我怎么能继续参与这种把戏？就在那时我决定，去海军服役，当一个海豹突击队军官，实现儿时当勇士领袖的梦想。我回到办公室，马上提出辞职。我当了一名私人教练，进行空手道和禅宗冥想练习，全力以赴为参加海豹突击队竞选做准备。一个月之后，我花光了手里的钱，祈祷着自己做出了正确的决定，我接到一个原来的顾问公司合作伙伴打来的惊喜电话："马克，我要开一家新公司，我需要你。"我感觉到非常熟悉来自内心的挣扎，因为我能想象到财源滚滚的状态。然后我内心里有个声音说："停下！"我想起了我为什么辞掉第一份工作。我相信我正朝着更好的方向前进，而且对我来说是正确的方向。因此，我委婉地拒绝了邀请。

一年以后，我要从这里的海豹突击队训练课程毕业了，踏进我英雄旅程的下一个阶段，准备迎接即将发生的任何挑战。主持人停止了讲话，当他把"荣誉战士"徽章举向我的时候，所有人的目光都转向了我。180位候选队员在六个月前开始训练，在仅有的19个毕业学员中，我最后独占鳌头。当BUDS（基本水下爆破海豹突击队训练项目）指挥官胡斯上校把令人垂涎的三叉戟徽章——海豹突击队员佩戴的金色徽章——别到我的制服上时，我微笑着。

三叉戟徽章标志着你是一个特别的人，一位罕见的现代斯巴达克，训练超群，表现卓越，无所畏惧地面对所有的挑战。对我来说，它还代表着像海豹突击队员一样思考，一种思维模式和态度，让这些人在内心和人生的外部战场都无往不胜。

现在，让我教给你怎样赢得你自己的三叉戟徽章。

怎样像海豹突击队员一样思考

像风一样快，像森林一样静，像火一样勇猛，像山一样不可撼动。

日本武士武田信玄（1521–1573）的战斗标准

我一直非常庆幸能够学习领导才能，并且密切地、亲自从不同的视角关注它。我曾经在一所重点大学里亲自开办研讨会给学生们讲授这个理论，也曾经在大公司和军事环境下，以及一些小企业和团队里（一个团队可以由任何一群人组成，他们一起去完成一项使命，或是达到一系列特定的目标——可以是一个运动队、志愿者委员会、一个雇员单位、一对已婚夫妇，甚至是整个一个公司或者家庭）做领导和被领导者。我注意到的是：因为这个环境里没有依据核心价值观的文化重点，或者围绕体现核心价值观的教育，例如荣誉、勇气、承诺，有抱负的领导者在他们自己的性格发展中缺少基础，在寻求事业发展的过程中没有办法同时提高素质。当他们想从一个训练项目或者书中采用一种特定的模式时，他们热切地希望这种模式能赋予他们掌控领导局势的能力。他们认为，“我所做的一切就是按照专家所说的应用这些技能和行动，情况就会好转。”当他们的成效没有达到那个模式的承诺时，这些崭露头角的领导就丧失了信心，进而去寻找另一种模式。

公仆领导力、情景领导力、愿景领导力、同心协力的领导力……这些是很流行的模式，它们全都把领导力当成一种简单的技能。但是，如果领导力不是一种技能或者一些行为的集合，而是一种性格呢？我们想知道当我们花了这么多时间寻找领导力模式的圣杯，而不是观察自身，也没有去培养那种性格，这些模式为什么不起作用，或者仍然感觉不对头。

底线就是：如果你对自我掌控和成长缺少基本的承诺，即使有最好的理论也不能帮助你领导你自己或者团队走向成功。

掌握一种新的领导方法

一个人必须给真正的领导力打下良好的基础，我称之为“整合发展模式”，这是我在海豹突击队健身训练过程中运用五座大山勇士训练理论教学时使用的模式。该项目中的五座大山分别表示在身体、心理、情感、直觉和精神领域的能力发展。因此，这些技能的整合造就了更加平衡和全面的个人发展。在本书中，我们主要把重点放在心理、情感和直觉方面。但是，你将会看到，这些材料能够而且应该为你在另外两个领域里的探索提供支持，我鼓励你用适合自己的生活和信仰方式进行探索。对身体领域的探索差异太大，它需要单独一本书来进行研究（你可以阅读我在《8周完成海豹突击队健身训练》一书中推荐的身体训练项目）。对精神领域的探索离不开其它四个领域，其联系如此紧密，以至于你在海豹突击队成功之道（更专注的精神发展是更深层次的个人旅程，而且这又超越了本书的范畴）的发展过程中自然会希望达到更高的水平。

没有其它领域的支持，任何一个领域的提高都是相对没有意义的，就像一张桌子的四条腿长短不一。你的确需要同时发展五种技能来发掘你的潜力，并遵循海豹突击队成功之道。你在这么做的时候，你将收获这样的结果，成为具有古代传统的现代勇士，一个获得伟大成就，同时拥有荣誉而又谦卑的人，一个很自然会赢得他为之服务和领导的那些人尊重的人。

我相信真正的领导力来自一个人的内心，不管（有时候是尽管）他担任什么样的组织角色，或者处于什么样的权利系统之中。所以，你将发现，海豹突击队成功之道来自你对全面发展个人行为准则和伦理立场的承诺；你在进入领导领域之前要专注于做一个好队员。你永远不能把寻求领导职位当作个人全面发展的最终目的。最后，我们需要培养一种日本人称为“科科罗”

的东西，它意味着在行动中情感与心灵的结合，指全副身心的行动。它的含义是，我们处于一种平衡状态和中心位置，使得我们与内在的自我、其他人和自然保持协调同步。当我们致力于全面发展，以“科科罗”的方式领导时，我们就会百分之百地真实、机警、强大。

世界需要在前面带头的领导者和从后面推动的领导者；敢于担当和开拓型的领导者，敢于承担更多的风险，在各个层面都能做到诚实正直，这“三个层面”分别是个人、团队和组织。这个独特的概念工具与本书中的其它技能、战术和战略相结合，在今天快节奏和复杂的商业氛围中能让你在伦理层面持续不断地提高获胜的机会。一种多维的观点永远不会让你失去超越那些心胸狭隘和毫无远见之人的优势。我们还需要一些组织能接受这个概念，允许风险和失败，支持个人和团队发展，鼓励真正的学习——那种能培养深层次性格的学习方式，而真正的领导者需要这种性格。

这种思想和行为的突变不会因为任何一本书、一门课程或者事件而发生，它的发生只能通过培养一个真正的领导者而实现，它会从你和你投身的个人卓越之旅开始。当你遵循海豹突击队成功之道前进时，你不仅造就了一个更好的你，而且还帮助创造了一个更美好的世界。

古代价值观为现代社会服务

像海军海豹突击队员那样思考和行动，就是追求整体发展和在作为一个战士的环境下全面发展。虽然这本身带有天然的军事领域的特点，但是我使用“战士”这个术语是想赋予更广泛，更多的象征意义，用来寓指一个在各个层次都能掌控自己的人，具有迎接挑战和做正确事情的勇气，完全服务于自己的家庭、团队、社区，最终服务于全人类。为了取得与海豹突击队同等水平的成功，你必须：

❑ 设立自己的既定目标，把深层含义的价值观和目标变成一块试金

石，即使你的腿在沙子里，眼睛也能盯着目标

- ❑ 培养前瞻专注力，使任何困难都不能让你脱离通向胜利的轨道
- ❑ 为你的使命穿上防弹衣，让你的努力免遭失败的厄运
- ❑ 今天做别人不肯做的事情，你就能在明天做别人不能做的事情
- ❑ 在精神和情感上坚韧不拔，在潜意识里消除“放弃”权
- ❑ 打破常规，重新组合，通过创新和适应来提高
- ❑ 培养直觉力，充分利用你与生俱来的聪颖和智慧
- ❑ 始终立足进攻性思维，出奇制胜于竞争对手，主宰战场
- ❑ 终生训练，致力于身体、心理、情感、直觉和精神方面的全面自我发展

虽然本书中的许多技巧和练习都很独特，但是这些原则的精髓并不新奇，也不时髦。事实上，仔细研究一下像斯巴达人、阿帕奇侦察兵和日本武士这些古代勇士，许多海豹突击队和其他特战团队前辈的精英队员都展露出同样的精神风貌和哲人态度。这些文化体现了与现代社会标准截然不同的一系列价值观。如今的西方文化是自我陶醉的。我们的经济神话——我们讲述自己的集体故事，关于我们的经济如何运行，以及我们作为其中的组成部分应该如何相互作用——这个故事是以个人为基础的，人们在每况愈下的环境里为了生存而竞争，从有限资源里分得一杯羹。2008年的经济危机和紧随其后的大萧条迫使许多人做没有尊严的工作，依靠救济，或者去乞讨、举债，甚至偷盗。在各行各业，行为标准放任自流，个人谋生的价值观（还有其它许多事情）也在滑坡。

我们的日常承诺不能兑现，造成了仓鼠的滚轮无休止地转动，但是它掩盖了日益增长的不安，让人们忽视了最重要的事情，它还掩盖了严酷的现实，那就是我们仍然需要为我们的想法和行为负责，宇宙最终也要我们为之负责。不管是我们个人还是整个社会，都会因没有达到更高的标准而难辞其咎，并因此付出代价。

本书不是应急时敷衍了事的解决方案，而是一段旅程，一种生存方式。是的，我将为你提供马上能使用的战略战术。然而，最终的关键是你自己要成为一个能应用这些价值观和原则的人，而不只是夸夸其谈。这段旅程将从本书开始，当你去实践我为你设计的原则时，它会继续下去，最后进入冒着失败和判断错误风险的领域，但是最终，你会实现意义深远的可持续成长。

如何使用本书

那些晚上在尘封的内心深处做梦的人，
白天醒来后竟然发现一切皆为空：白日做梦的人更危险，
因为他们有可能睁着眼睛做梦里的事情，想把它变成现实。
T. E. 劳伦斯 亦称“阿拉伯半岛的劳伦斯”（1888–1935）

如果你用心并全力以赴地按照本书的内容去做，你的劳动成果就会马上显现出来。然而，真正掌握这些内容需要一生的时间。当它们来到你面前时，我鼓励你去享受这个旅程和成功。你会注意到，你在学习和成长时，成功是会加速到来的，与此同时，挑战的规模和数量也会增加。作为一个成功之道的追随者，你不必回避这些；相反，你要像它们本就是你的机会那样拥抱它们。对于这一点，你需要培养注意力、行为准则、耐力和谦恭（本书会教你怎么做）。在这个过程中，你会成为有荣誉感的人，真正成为你自己的和别人的领导者，每天都会赢得你自己海豹突击队成功之道的三叉戟勋章。

你会在整本书中看到我在海豹突击队期间和在商界个人旅程中很有启发性的例子，以及来自我的学生和著名企业家们极具说服力的案例。每个章节阐述实践海豹突击队成功之道八原则中的其中一个，并详细论述其核心宗旨和你必须熟知的概念。你会发现有些东西似乎很熟悉，而还有一些对你来说却是新内容。然而，所有这些都会在海豹突击队成功之道领导者的日常生活中发挥作用，推动你实现难以置信的转变，最终走向你所追寻的成功。我在实践这些原则，我的学生们也在实践，现在你也将从中受益。

我已经准备好了首先把你引进八原则的材料；全书中每一节后面的短时训练和健身练习将帮你把原则具体化，是你训练项目的重要组成部分。我们在实践过程中有时候会回转，更进一步探讨那些技能技巧，以期获得更深层的理解和更有实效的应用。请记住，这些材料融入到你的生活和实践中需要时日。我每月一次，用了12次的课程时间把这些原则和技巧分享给“战无不胜大脑学院”的学生们，海豹突击队健身训练学院用了三周时间进行强化沉浸式学习。因此，我建议你先把整本书通读一遍，然后回过头来，开始用每个原则进行一个月的训练。

具有讽刺意味的是，我们没有从书中或是研讨会中学习和掌握领导力——也就是说，在把这些课程付诸实践之前，我们并没有学过。你不可能坐在书桌后面学习海豹突击队成功之道，也不可能通过保持现状来实现这个目标。虽然本书能教给你处理人生经历重要的新方法，但是只读这本书是远远不够的。你得把原则付诸实践——做练习，仔细思考那些理念，并和你的团队成员讨论。最后一章把全书内容进行了概括，告诉你怎样制定个性化的训练计划。你必须在训练场上赢得你的领导臂章，而不是在教室里。

关于这些训练，整个过程都有指导老师为你做指导。正如他们所说，学生准备好了，老师就会出现。在海豹突击队队和此后几个其它团队的旅程中，我最先认识了诚道空手道大师中村，后来又接触了许多无私的指导老师。我得学会如何迈进每个指导老师的门槛，你们也是。然而，学习海豹突击队成功之道的第一步不是寻找指导老师，而是从寻找你自己开始。我们再回到一些基础的话题上。

THE WAY OF THE

SEAL

原则一
建立你的出发点

PRINCIPLE 1 : ESTABLISH YOUR SET POINT

一个人面临的最大挑战是，在一个所有人都想把你变成另外一个人的世界里坚持做你自己。

——E. E. 卡明斯，诗人（1894–1962）

地球上有七十多亿人，我们每个人都各不相同，而且真正的不同之处不是肤色、语言或者身体，而是我们内在的身份感，有些人把这个内在的意识称为灵魂或者精神。不管你管它叫什么，它现在有一个出发点，你的内在现实地图上的一个固定点，当前进道路不明朗或者出现挑战时，它会为你指引方向。它就是那个内在的鼓点，那个在关键时刻低语给你暗示的声音。你可能现在就在想：“我有出发点吗？”如果没有，你愿意找到它，开始过真正的生活吗？

为了建立出发点，你需要：

- ❑ **坚持你的立场**
- ❑ **找到你的目的**
- ❑ **拥抱风险、损失和失败**

如果你没有建立出发点，没有把每个行动与出发点联系起来，在面对极大的个人风险时，你可能会问：“我为什么要这么做？”然后你很快就会被环境或其他人对你的愿望所驱逐。不断吹来的愉快之风会把你吹向一个方向，而痛苦的狂风则会把你吹向另一个方向。问题是没有出发点会阻碍你过上理想的生活，你就只会跳来跳去，摇摆不定。通过确定你的立场和目的，你就能把它们当作你内在的导航器。当痛苦的风和愉悦的风一起刮来时，你才不会改变方向。

坚持你的立场

> 除非我们坚持某一件事情，否则我们就会因任何一件事情而栽倒。
>
> 雷夫·彼得·马歇尔，美国参议院牧师（1902—1949）

我在候补军官学校（OCS）的培训项目快要结束时，指挥官离开场地走进来见我，进行迟来的海豹突击队候补军官面试。在办公室里，身高6英尺2英寸（大约1.88米），肤色黝黑，超级健壮的海豹突击队指挥官坐在桌旁，目不转睛地盯着我。十分钟过去了，一句话也没说。我坐在那里努力摆脱窘迫感，我记得和弟弟布拉德在普莱西德湖参加过这种测试。每个孩子都要参加这种测试，不是吗？我几乎没有意识到我正在为了获得进入一队精英勇士行列的录取资格磨练一种至关重要的技能。“千英里的注视”是海豹突击队员的重要特质，你可以确信指挥官伍迪是这方面的模范人物。

我渐渐地明白了。我如何在类似这样微妙的测试中显示控制力是我性格的关键。我能经得起BUDS的残酷磨练吗？我会在东南亚让人畏缩不前的热带丛林里或者北极寒冷的苔原上表现得越来越差吗？我在审问中会崩溃吗？我在想，“他看到什么了？”尽可能镇定地用同样的眼神看着对方。突然，他的声音打破了沉默，吓了我一跳。

“你代表什么，马克？”他问道。

唷！终于开口了。“啊，嗯，我代表正义、正直和领导力。”我回答。

“我没问你一般的价值观，孩子！你最基本的信仰是什么，就是你再也不能后退的立场？不要告诉我你的家庭或者社会要你信仰什么。”

我猜想当时我那愉快的、有点过于自信的态度（我年轻时常把它误以为是信心）并不会给他留下什么印象。于是我停了一会，苦苦思索着。我回想了我的成长环境，我参加过的所有竞技性体育活动，我的教育背景，甚至连我和父亲经历阿迪朗达克山脉长途跋涉都想到了。这些经历要我代表什么？我不知道。我猜，立场是你性格的表达。那么我的性格是怎样的呢？我回想起过去四年里参加的真正的学习——诚道空手道训练学校——意识到我不断形成的世界观和精神气质受到勇士原则很深刻的影响，这些原则是我在中村大师的炯炯目光中领略到的。

有个周末，在纽约伍德斯托克禅山修道院，经过一个小时的冥想和两个小时的身体锻炼后，中村大师给我们做了一个简短的演讲，我在候补军官学校面试时又想起了这段演讲。“当你把全部注意力倾注到每个时刻，一天就成了一个人生活和学习的整个人生，”他说，“我们不仅要锻炼身体，还必须让自己的大脑、身体和精神做好准备。当然，在哪里锻炼，消除肌肉僵硬的状态，提高健康水平这都很容易。但是你的科科罗，你的精神呢？通过训练，和你的勤奋努力，也能消除那方面的僵化状态。这就是我们要做的，日复一日，通过这种方式，你的命运就掌控在你的手里了。”

想起这些，我找到了感觉，对指挥官说：“命运青睐在心理、身体和精神方面有准备的人。”

“好！”他说，他严肃的表情缓和了一些。“说到点子上了。其他的呢？”

我一直说着，在我的内心深处寻找我的“沙中之线”。这是个艰难的任务。后来那天晚上，我仔细回想了这次有重要影响的谈话，写下了下面的个人立场：

- 如果我在心理、身体和精神上做好了准备，命运就会眷顾我。
- 天下没有免费的午餐；我必须比预期的更加勤奋努力，比别人更有耐力。
- 领导力是一种特权，不是权利，我必须在行动的舞台上赢得它。
- 作为一名战士，我将是最后一个拿起剑的人，但是我会为保护我自己、我的家人、我的祖国和我的生活方式而战。

- 我将努力奋斗活在当下，总结过去，创造理想的未来。
- 我将通过寻找真理、智慧和爱，而不是通过寻求刺激、财富或声名来找到我的幸福与安宁。
- 我将每天努力提高自我，并完善我的团队，改善这个世界。

我们大多数人都没有花时间深入思考我们自身的精神气质，直到我的优秀指挥官敦促我这么去做，我才去行动。然而，一旦我能把自己的立场表达清楚，它就变成一股非常真实且强有力的引导力量。当面对模糊和艰难的决定时，我将退回到我的立场上，看看潜在的选项会把我置于什么位置。如果它把我置于我的立场之外，我是不会实施那些决定的。这方面的一个非常好的例子就是关于我离开现役海军的决定。

1994年我刚结完婚，海军就把我调到夏威夷的配送车一队。正处新婚燕尔之时的妻子桑迪当然跟我一起来了，我们定居下来。我的上级一再表示，在“一段时间内”没有派我去海外的计划，但是两周后，我接到了去韩国的命令。桑迪发现那里就剩下她孤零零的一个人——我们在夏威夷待的时间仅仅够我们交个朋友。终于在两个月之后，我又回到了她的身边。海军又告诉我，这段时间不会派我出去，休息了两周之后，他们又把我派到加利福尼亚执行6周的任务。

这次我回来以后，我看到了墙上写的字，“我不能这样做，”桑迪说，“我知道你时不时地离开，但是这实在太过分了。如果我们的生活就是这个样子，我想我们就不用这样继续工作了。”我们彼此相爱，但是很显然，不管我做出什么承诺，海军的需要总是占据首位，一年当中会有10个月派我外出。那句俗话，“如果海军想让你有个老婆，他们就会给你发一个！”突然间听起来像真的了。时间过去6年半了，我仍然热爱海豹突击队……冒险、任务、队友。但我也爱我的妻子，我想组建一个家庭。这是一个极为艰难的决定，但是我的立场就是我的向导，特别是这一句：“我将努力奋斗活在当下，总结过去，创造我理想的未来。”于是在1996年，我选择离开现役海军，为了预备役，也为了我的婚姻。在与桑迪度过了20年美好的时光后，其中包括与我们的儿子德文相伴的14年，我可以肯定地说，这个选择是正确的。

确定了立场就打下了支撑我们日常活动的基础，并且能帮助我们向生活目标迈进。你的立场回答了这个问题："我要做什么？"比如，如果你发现你所在的单位严重违反诚信，你该怎么办？如果你的队友需要帮助；如果你出了问题，但是别人却遭到了指责；如果你的国家、社区或者家庭需要你，你会怎么办？你的立场是你的性格的明确表达，它指引着你的行动。

一个非常好的例子是海豹突击队的精神气质，只需用心观察精英战士的思维模式就可见一斑。海豹突击队原来是通过他们的文化和传奇故事来传承这个异常坚定的立场的。随着时间的流逝（我们今天看到的海豹突击队来自成立于1963年传说中的“水下爆破队”），海豹突击队的领导者们意识到，他们应该把突击队员们的精神风貌整理、编写出来，以期指导后辈蛙人。因此在2006年，在我参军16年之后，现在称为“海豹突击队精神气质”的文件应运而生（见下文）。虽然海豹突击队精神气质是一个团队的精神气质，但是它所蕴含的力量对个人立场也具有伟大的指导作用，我一直把其中的要素作为我自己行为的指导原则。《读者文摘》的版本是这样的：

- 保持对国家、团队、队友的忠诚
- 在不在战场都要充满荣誉感
- 乐于领导，乐于服从，永不放弃
- 对自己的行动和队友的行动负责
- 纪律严明，勇于创新，勇武超群
- 为战而练，战必胜，打败国之敌人
- 每天都要赢得你的三叉戟勋章

在战场上领导要求我们首先要了解我们自己、我们内在和外在的秉性。

当我们充分意识到了自己的立场，我们就能勇敢地面对恐惧。恐惧是自然的，必须面对和理解，而且不可回避。在面对恐惧时找到能够发挥的勇气是海豹突击队成功之道。

美国海军海豹突击队的精神气质

这是每一个海豹突击队员应该学会的立场：

在面对战争和不确定性形势时，有一队特殊的战士时刻准备着响应国家的召唤。一个有着非比寻常的成功愿望的普通人，他在逆境中磨练，他站在美国最优秀特种作战部队的队伍中，为他的祖国，为这个国家的人民，为保卫他们的生活方式服务，我，就是那个人。

我的三叉戟勋章是荣誉和传统的象征。勋章是过去已逝英雄授予我的，它代表了我发誓要保护的那些人的信任。佩戴着勋章，意味着我承担了我所选择的职业和生活方式赋予我的责任。这是一个我每天必须赢得的特权。我对祖国和团队的忠诚无可非议。我谦卑地担当着美国同胞们的守护者，总是乐于保护那些没有能力保护自己的人。我并不是在宣传我的工作性质，也不是在寻求人们对我的行动的认可。我自愿接受我的职业固有的危险，把其他人的安全保障置于我自己之上。我服役于战场上下感到无比荣耀。不管在任何情况下，我控制情感和行动的能力都会让我与众不同。刚正不阿是我的行为准则。我的性格和正义感是坚定不移的。我说到做到。

我们期待去领导和被领导。在无命令的形势下，由我来指挥，领导我的队友，完成使命。在所有情况下我都能以身作则做好领导。我永远不会放弃。我会在逆境中坚持和努力。祖国期望我的身心都要比敌人要更坚毅、强大。每一次倒下，我都会重新站立起来。我要用身体里剩下的每一点力量去保护队友，完成使命。我永远不会退出战斗。

我们需要纪律。我们期待创新。队友的生命和使命的成功完全取决于我——我的技术技能、战术水平和对细节的关注。我的训练永远不会停止。我们为战而练，战必胜。我时刻做好准备，用我所具备的全部战斗力去完成使命，实现国家设立的目标。当我履行保卫职责的原则要求我并指引我时，我的行动迅速、勇猛。勇敢的战士在战斗中牺牲，为我们留下了光荣的传统，以及我理应维护的令人敬畏的声誉。在最糟糕的情况下，我的队友们留下的荣誉坚定了我的决心，默默地指引着我的行动。我不会失败。

找到你的目的

去了解你自己吧。

古希腊谚语，写在特尔斐神示所的大门上

我在面试时对伍迪指挥官做的最后一段陈述是 ：“我相信我们都有上帝赋予的目标，除非我们用一种有意义的方式实现那个目标，我们就不会满意。”

“你的目标是什么？”他问道。

“做一名战士和领导，掌控自己，以便能最圆满地实现目标。”

当我第一次看见海豹突击队那张招募海报，我就意识到我生命中这个带有动力的目标，但由于受我所表达的立场的驱使，这种意识从来没有比那个时刻更清楚。目标和立场的区别很明显 ：我们的立场是一套核心信仰。例如，在凯恩事件之后我离开注册会计师公司，因为我不能为一个单纯追逐金钱而不惜牺牲别人幸福的公司工作。我的这个立场帮助我弄清了我的目标 ：我感觉海豹突击队体现的目标与我在金融生涯里的整套目标恰恰相反，它强调作为一个领导者，要正直、值得尊重和信赖，在一个建立互信、相互依存的团体里发挥作用，完成令人振奋和重要的工作。

你的立场将回答“我要做什么”的问题，你的目标将回答“我为什么在这里”的问题。这个重要的问题假设，你有一个为之存在的独特理由和为这个世界做出的特别贡献。我的经验是每个人都有，虽然我们得向深层探究才能发现。

你存在的理由是什么

我在海豹突击队训练的第一天是进行两个小时的海滩暴晒，当时的场景非常残酷，中途放弃者的头盔排成行。但是太阳还在头顶；我们在加利福尼亚科罗纳多训练，还拿工资。这样的生活在我看来似乎还不错，尽管有短暂的不适。不幸的是，我的伙伴布什不同意。虽然他在候补军官学校的整个过程里一直满腔热情，大多数时间里跑得比我快，训练成绩也比我好，但我们在沙滩里做重复性练习时，他却转过身来对我说：“马克，我做不了这个了。”

我在喧嚣声中大声喊：“布什，我们才刚刚开始……闭上嘴，做完。”好像前几分钟起了作用。然后第一阶段培训军官齐克上尉命令我们去冲浪，我们跳起来朝水边跑去，布什则朝另一个方向跑去，拉响了铃声，结束了他竞选海豹突击队员的旅程。

后来，当我问他为何放弃的时候，他耸了耸肩，羞怯地说：“哦，我就是特别想当兽医。”他似乎并不沮丧，但是我却感到十分惊诧。布什思考了很多年，告诉所有人他想当海豹突击队员，他经历了所有的科目训练，每天锻炼身体，拼尽全力，去争取得到仅有的几个军官职位中的一个。然而，就在那个痛苦与挑战的关键时刻，他放弃了。

在我的科科罗训练营项目中，我问我的队员：“你‘在这里的理由’是什么？”我认真地听，因为这些动机通常就是线索，能从中看出谁能成功，谁不能。一个海豹突击队候选队员说：“我是为了向我父亲证明我做得对。”结果失败了。那是一个外在因素，即受别人价值观的驱使，因此它没有足够的力量在艰苦的条件下提供驱动力。另一个说：“做一个更优秀的人，我也就能做一个更好的父亲。”这位是一个四十多岁的健身房业主，表达了明确的承诺，带有很强的内在动机，这个动机产生于他内心最深层的个人价值观。

科科罗训练营的早期挑战是一个我们称之为“墨菲”的著名混合健身英雄训练，它是为了纪念我的海豹突击队队友迈克尔·墨菲上尉，这绝不是巧合。在阿富汗“红翼行动”期间，一位牧羊人和他的儿子误闯墨菲的四人狙击观察小组。此后不久，一伙武装分子追上了海豹突击队。墨菲的小组勇猛地冲下崎岖不平的山头，遭受了打击。墨菲不顾自己的安全，进入开阔地带使用卫星电话，这里是唯一能接通卫星上行链路的地方。他在接通后把他们的位置传给后援部队，导致武装分子让墨菲遭受重创。

在那个山顶可以做选择的瞬间，正像海豹突击队精神风貌承诺的那样，墨菲没有退却。作为指挥军官，他知道他的目标是带领团队完成任务，通向成功，然后把他们安全带回家，因为这是他的更大目标的组成部分，那个更大的目标就是保卫和服务祖国。他满怀信心地回答了“你为什么存在”这个问题，做出正确的选择，即使这让他付出了一切。

那么我的伙伴布什和墨菲上尉的区别在哪里呢？在关键时刻，布什没能回答那个问题，那天他没有坚持站在沙滩里的立场，没有出发点，没有忍痛坚持的目标。而墨菲清楚地知道作为海豹突击队员的目标，在危机时刻，他本能地依靠自己的立场，这个立场为他的行为提供了详细的指令，去指导他的行动。如果布什当时有同样清晰的目标，有明确的立场给他做指导，包括在辛勤工作中努力成长，努力把事情看清楚，他就会有一种东西支撑他前进。

当你面对包括死亡在内的危险时，勇敢地面对它，你就会非常清楚什么事情最重要。布什并没有面对死亡的威胁，他也没有考虑“如果这是我最后的决定我该怎么办”，更没有搞清楚他人生中什么事情最重要。虽然墨菲是个极端的例子，但是他的故事说明知晓立场和目标，把它们设为出发点的重要性。如果坚持目标和立场会丧失生命（或被解雇、抛弃或其它任何情况），那也是死得其所，这是关键。真正的战士接受这一点。当然，墨菲面对的死亡抉择不完全适于你，但是你应该想象一下面对生死抉择的可能性，你应该清楚自己的选择。以这个层次的觉悟来生活会让你在未来人生中做的每个决定都充满动力，使你获得强大的新经历，你做的一切都是为了创造你想过的那种生活。

拥抱风险、损失和失败

> 只有那些无所畏惧、敢于失败的人才有可能获得巨大的成功。
>
> 罗伯特·肯尼迪，美国参议员、首席检察官（1925—1968）

这是我们进入本书其余部分之前的最后一个评论：我知道冒着遭受损失和失败的风险并不容易。在我仔细考虑离开高薪公司到军队服役时，当然也经过激烈的思想斗争。这个决定无疑使我当时非常看重的金融自由变得不大可能了。我的决策过程也让我背上了思想负担，家人对我的职业转型和我追寻海豹突击队之路的失败风险感到痛苦、失望……更不用说还可能在训练或战斗中牺牲了！你问我偶尔会感到威胁和恐惧吗？嗨，那是当然！然而，尽管所有这一切都存在，我从内心深处知道，我选择的道路是正确的。世界因为我勇敢的选择给了我许多奖赏。是的，我的家庭度过了这次风波，我的母亲仍然爱我。

当我们开始成功之路的旅程时，大门开始打开，机会的微风，伴随着快乐、痛苦，或许两者兼而有之，都吹了进来。我们可以选择忽略打开的门，或者走进去。走进去是更有收获的选择。留意这些机会，你就会赢得你自己的海豹突击队成功之道的三叉戟勋章。

海豹突击队心智锻炼法1

海豹突击队成功之道（WOS）评估

下面几部分的练习开始了你的自我发现之旅。这个非常个人的练习过程从放松和冥想练习开始。当你深思这些问题的时候，密切注意所出现的任何形象和感觉——这些原始的初始印象来自于你的潜意识，未经过滤、分析和分类。这些是指向你目标最清晰的信号。尽量不要去判断那是什么，即使（或者尤其）是那个信息看起来很可怕。

你将从这个立场开始，因为这是你最基本的信仰系统。然后，你将确定价值观，价值观将鼓励你或者劝阻你的某些行动，进一步指导你的行为。接下来，你会探索那些你最热衷的事情，因为这些事情会强化你的目标，你未来应把更多的能量投向这些事情。最后，你会发现你的目标。你的驱动目标常常与当前现实不一致，因此，你需要去发掘它。

第一部分：建立立场

你的立场回答“我要做什么”的问题。首先，拿着日记本找一个舒适的地方坐下来，可以是放在地上的一把椅子，或者背靠着墙坐在地板上。脊背一定要坐直了。闭上眼睛，用腹部深呼吸至少五分钟。呼吸时深度放松。这个练习会让你接受初步训练，让你的心灵安定下来，将你和你的潜意识联系起来。你在这种状态中对意象和感觉更敏感。

在至少五分钟的深呼吸之后，睁开眼睛，仔细考虑下面的问题。快速写出你的答案，注意出现的形象和感觉。

- 如果我知道我只能活一年了该怎么办？

- 如果自然灾害或者恐怖主义事件突然发生在我的城镇该怎么办?
- 如果一个朋友让我帮他搬家，但是那天晚上我很想去看电影该怎么办?
- 如果我发现我最喜欢的名牌剥削工人，参与环境破坏活动该怎么办?
- 如果我的彩票中大奖了该怎么办?
- 如果有人无故决定跟我打架该怎么办?
- 如果我遇上一次内幕交易，而且其他人都没有觉察到，我该怎么办?
- 如果我的团队当着我的面在背后打我的队友该怎么办?

现在考虑一下你的答案怎样揭示了你的性格。例如，我的最后一个问题的答案是："如果可能，我会保持沉默，然后离开。"对于我的立场，这可以解读为"我尊重别人表达观点的权利，但是我不会参与负面谈话或者传播流言"。如果你的朋友求你帮他搬家，你回答"对不起，我晚上有事情"，会怎么样呢？这说明你行事可以出于自私的需要，而不是以"别人"或者团队为中心。这种见解很重要，因为意识是成长的先驱。当你完成这些问题时，你会更多了解更深层的自我，搞清楚你想要发挥作用的那些地方。你的立场最终应该表明你想要体现的性格特征，即使你现在并没有百分之百到达那里。

你在开始行动时应该以对你重要的事情为基础，考虑自己的问题——记住，这是你的立场，不是我的立场。

努力提出6到10个对你来说感觉强有力且合适的陈述。

第二部分：确定你的价值观

这个问题的第二部分是阐明你的价值观，这样你就可以成为每天站在自己立场上的人。价值观告诉我"人生中我想要哪些东西多一些，哪些少一些"。

研究领导的专家会经常为你的价值观排序，将其削减为前5个或前6个。大多数人会提出诸如领导力、团队精神、家庭和忠诚之类的价值观。我感觉海豹突击队成功之道把这些东西都提出来了。在这个练习里，我想要你集中考虑与你个人密切相关的价值观，即能够让你成为一个更好、更强大的人的价值观。通过确认，然后实践这些价值观，你会让自己适应这些价值观，把它们变成深深融入你性格的美德，而不仅仅是罗列出来的那么几句话。

把你想要争取的那些价值观以及你想避免的几件事情写下来。为了给你指导，我这里列出根据我更想实现的（你也可以只列出基本价值观，例如，健康和积极向上，爱和激情），追求美好生活的价值观：

- 健康和积极向上
- 爱和激情
- 明智和可靠
- 感恩和诚实
- 幽默和趣味
- 学习和成长
- 勇敢和果断
- 为别人做贡献

我的列表中“想要少一些的”价值观例子包括：

- 消极和品头论足
- 依附和邋遢
- 自私

如果你列出推动你朝向或远离每个价值观的行为细节，你将获得巨大的转变动力。例如，每当我吃好喝好、注意健康、冥想或锻炼时，我就在朝着“健康和积极向上”的目标迈进。这样的细节步骤让我轻松把健康和积极向上的价值观变成了一种习惯，最终形成了新的性格特征。

第三部分：发现你的激情

现在我们来做一些有趣的想象。你想弄清热衷之事是因为你想倾注精力做得更多，这有助于你加强朝积极方向转变的动力！你的激情是回答“在最深层次我是谁”，你的激情很可能指向通往目标的道路，即这个练习的最终目标。于是你将生发一种开始或者深化你参与一项对你来说非常有意义、有回报的活动的承诺。此外，它将帮助你发现目标，让你与活动保持一致，以实现满足感、成功和意义。

首先问自己下面这些问题。一次问一个问题，把你想到的任何东西都写下来。记住：注意你的第一印象，尽量不要判断。

1. 什么样的书、电影、艺术或者音乐让你感到紧张？

2. 谁能鼓舞你，为什么？

3. 你身上的什么特征让你感觉自己了不起？

4. 如果你有更多的时间，并且没有障碍，你想参加什么活动？

5. 这些活动对你来说有什么意义？

6. 这些活动或者特征能为别人带来什么好处？

7. 你能通过集中更多的精力做这些事情来改变世界，让它变得稍微好那么一点点吗？

8. 如果你参加即使是这样的其中一项活动，需要付出什么？

就像写出你的立场一样，如果你发现你的答案有消极因素——例如，如果你在活动中看不到对别人有好处，或者看不出你自己对世界的变化有任何影响——你就遇到了一次深刻反思的机会。在你的人生中真正激发你前进的动力是什么？

第四部分：发现目标

这最后一步对我的学员来说常常是最困难的一步。为了将效果最大化，我鼓励你对“存在”的目的进行研究。例如，我的第一个明确的目标是做战士的领导者，掌控我自己，以便尽我所能实现那个目的。在完成目标的进程中，我自然地把一些集中于外部成就的目标囊括其中，例如赢得海军海豹突击队三叉戟勋章（说明从两年艰苦的训练课程中毕业），领导一个海豹突击队排，变成训练专家。然而，这些都不是我主要的关注点。我的目标集中在一个自我转变的概念，在性格层次上变成一种状态，而不仅仅是获得一个头衔或者职位。我没有把“成为海军海豹突击队军官，获得上将军衔”选作我的目标。虽然从技术层面是说它包括类似于“存在”的东西，但是这种目标只是把你的注意力集中在标签上，而不是内在的东西。

你的目标核心为什么这么重要？因为你不知道你的旅程中会发生什么波折。陈述一个“存在”目标会为你提供方向和在旅程中前进的内在动机，同时允许灵活性、自发性和这个过程中的变化。陈述“成就”目标只能把你锁进一个界限狭窄的角色，从而在你不能用想象的方式解决问题时，会感到失望。

用你从第一到第三部分学到的新的自我意识武装起来，仔细考虑所有看起来、感觉或者听起来似乎与你的爱好、价值观和立场相一致的所有机会。我在二十多岁时热衷于个人成长、健康、冒险、领导力和武术。当我观察我的内心世界，寻找我的目标时，我自然地开始想象，与在偶遇海豹突击队“做一个特别的人”海报之后第一个场景相似的职业。我看到自己在做冒险的工作，这个工作有潜在的风险和难以应付的领导机会，对身体条件的要求非常高，在某种程度上与我认为一个战士要做到的事联系起来。我提出了好几个军事和商业方面的选项，但是最后，我的关注点坚定地投在了海豹突击队。后来，当我的内在意识扩展时，我开始想到一个更深刻，更有内在推动力的目标。今天，我的目标就是“实现自我掌控，让真理、智慧和爱在我体内涌动。用我的例子和教学启迪别人，在这个过程中加速个人和团队整体的转变。”

现在花点时间写几句话或者段落来确定你的人生目标。当你的见解蜂拥而来时，时常回过头来看看你的人生目标，对它进行改进。我每天都在检查我的目标，发现自己经常更改已经计划好的提议行动，甚至是我说过的话里的一个词。所有这些——你的立场、价值观、爱好，甚至目标——在你的实践过程中都要服从于你的成长和改变，所以不要试图把目标设定得太具体，以免陷在那里停滞不前！

设想“未来的我”

如果你对先前的评价结果感到满意，就应该形成一个代表你的内在形象，展现你作为一个普通人的绝佳状态，围绕着完成你的目标进行设计，充满激情地生活，与你的价值观保持一致，所有这些都是为了坚持你的立场。这么做会强化你自我发现的过程，为你展现一幅令人兴奋、激励人心的景象，提醒你为什么做所有这些工作！它也将开始锻炼你的形象化力量，这是本书中通篇涉及的概念。

我最强有力的形象化经历之一发生在我20岁刚出头时，我在纽约辞职9个月后还没有收到候补军官学校的录取通知，这时候我的必胜信念开始萎缩了。为了防止从气馁下滑到沮丧状态，到最终放弃，我开始进行严格的形象化心理养生法锻炼，旨在给自己提供一个具体的精神和情感指示图，使自己变成一个配得上三叉戟勋章的人。我需要一条视觉基线，我反复看海豹突击队招募视频“做一个特别的人”，我按照之前与你分享的海豹突击队成功之道评估练习第一部分的指示进行练习，进入舒适状态，深呼吸，然后闭上眼睛，想象着进入视频中的画面——跑步、潜水、射击、绳索垂降、驾着小船在海浪中穿梭。我每次做这些事情时，都发现自己做得非常成功。我在心里走得那么遥远，以至设想出与其他海豹突击队员和教官对话。在每次练习的过程中，这些情景变得愈加真实。我甚至想象到我接受三叉戟勋章的时刻，到了那一天，温暖的太阳光芒照耀，人群发出的声音，场景中的一切全能感觉到。

经过六个月的每日练习，我感觉到了变化。开始还挺微妙，当我在心理练习中倾注了更多的能量时，后来感觉愈加强烈了。（技能排练的视觉形象化也让我的身体活动能力得到很大提升，但是我们将在原则二中探讨这个问题。）我成为海豹突击队员可能存在的任何不确定性都消失了。这种感觉不再像是希望，而更像是命运！这个练习让我在身体能力上比其他候选队员准备得更加充分，也让征兵人员相信我是海豹突击队最合适的人选。不久，我的数据资料让我在候选人排名中名列前茅，我赢得了征兵人员的认可。我在25岁时，在先前没有军事经历的情况下，成为少数几个被候补军官学校录取，并于当年与海豹突击队签约的幸运儿。

即使你可能感觉或者看起来不像他们的成员，你必须想象自己处于理想状态，激发你的个人潜能，与你的立场和目标保持一致。我在海豹突击队懂得了没有完美这回事儿，只有完美的努力。通过在内心练习"完美"版的自己，我们渐渐就会成为真实生活中的那个人。

第一步：拿出一个日记本，找一个舒适的地方坐下来——我鼓励你使用与你做海豹突击队成功之路评估时相同的空间。这个地方可以成为你的"静坐空间"，或者冥想室。闭上眼睛，用腹部深呼吸至少五分钟。呼吸时要放松。之后，按照下面的描述开始视觉形象化练习。

第二步：从现在开始用三个月的时间，在心里想象一个自己三个月后理想的形象。看到你自己已经完成中级目标，身体非常健康，完全体现出代表你的立场、价值观和目标的性格特征。当这个形象变得很清晰时，给它加上颜色、声音、情感和动作，就像你在观看自己在电影里的形象。这个过程应该只持续两三分钟。

第三步：现在快速向前，重复这个意象，但这是一年以后的形象。然后，如果你愿意，再把它带到三年以后，重复这个过程。

第四步：当你对"未来的我"的形象感到满意时，将其全部清除，回到现在，将你自己的形象恢复到现在的样子。把自己想象成一个已经获得三叉戟勋章的人。拥有那个形象，进入那个场景。做完时，睁开眼睛，继续日常工作，让你的潜意识去打理那个角色。

THE WAY OF THE

SEAL

原则二
培养前瞻专注力

PRINCIPLE 2 : DEVELOP FRONT-SIGHT FOCUS

训练眼睛前视，培养前瞻专注力，盯准目标。

——海豹突击队教官

在漆黑的夜晚，直升飞机的旋翼叶片震耳欲聋。当指示灯变绿时，伞兵指挥官向我们翘起大拇指。我向着黑夜跳了出去，在静力绳的作用下，把我的主降落伞拉出来。我数到1001、1002、1003，抬头检查伞盖。唷！一切看起来都那么完美。

前方黑暗中，我能看见队友克里斯伞盖模糊的轮廓。出问题了。我仔细一看——是的，他朝着我飞了过来。避免空中相撞事故发生的标准程序是两个跳伞者同时拉右侧的触发器，这样就相互避开了。我向右了，克里斯却向左，结果跟我撞上了。

我的伞盖像飘摆的床单似的陷了下来。我开始向地面下跌，速度越来越快。我26年的生命只剩下大约8秒钟了。

我的大脑慢了下来，呼吸也慢了下来，甚至连时间都慢了下来。当我查看故障检查表时，每一秒钟就像一分钟：拉动上升器，尝试重新鼓起伞盖（没有用）。拉动备用伞绳，用拳头击打伞包，把备用伞拉出来，用最大的力量把备用伞抛向空中（也没有用——备用伞打出去，在主伞周围扑棱了几下）。我完蛋了。我又深深吸了一口气，再次晃动主伞盖的上升器。我开始告别了，祈祷着，我已经过好了满意的人生，接下来的时刻会伴随白光，而不是火。

突然降落伞吸进一些空气，然后我像一吨重的砖头砸在地上。伞盖只有一部分鼓起来，但是它已经足以让我减速，在着陆中幸存了下来。我等了一会儿，深深吸了一口气，确认自己还活着。我扫视了一下全身，看看有没有骨折。令我惊讶的是，我竟然没有受伤，我站起来，扑打着灰土向前走，去找克里斯，想揍他一顿。

这次经历给我印象最深刻的是，平时的训练让我在极度紧张状态下从容自如。当我的思想慢下来，允许更大的智慧和平静在我内心涌动时，情势感觉近乎神秘。我知道当时如果我试图想解救办法，我就死定了。我的前瞻专注力，与通过严酷、现实的训练形成的无意识能力相结合，拯救了我的生命。

在我自己的训练计划里，我用“前瞻专注力”这个术语来描述海豹突击队员在追求目标时，表现出的令人难以置信的全神贯注和专心致志，不管是他们在用武器瞄准预备发动袭击的恐怖主义分子，或是在意外发生时，他们有条不紊地处理混乱局面！前瞻专注力是指射击手用武器瞄准目标后全神贯注地往前看。当你做这个动作时，你仍然会密切注意你周围的环境，心里想着目标，但你的注意力全部倾注在前方几英寸的那块金属上。把这种精确射击的方法与更典型的“猎枪”法作比较，猎枪法是指朝着目标方向瞄准、开火，希望打出的散弹能击中目标。

保持前瞻专注力具有镇定和建立信心的效果。海豹突击队员知道他一次只能瞄准一个目标，在他搞定那个目标之前不能转移注意力。海豹突击队员不喜欢浪费弹药——我们尽力做到每击必中。这远比企图同时对准多个目标（或者同时为所有的目标担心！）更有效。诚然，训练让我们行动迅速，并且用难以置信的准确度，让我们看起来好像同时解决了多个目标。所有伟大的成功最终都遵循这个准确的过程：识别目标，然后通过完成一个一个的目标，每击必中的方式来完成任务。当你学会了以海豹突击队的注意力和精确水准做这件事情，理解该击中哪个目标，如何避免分散注意力，你的成功率就会一飞冲天。

用海豹突击队的说法，你的目标通常分为两个类型：你有大的长期目标来确定你的最终状态，还有短期的小目标来确定你的前进道路。我们把前者称之为总任务，而后者是你的目标（你为完成每一个目标付出的努力是过渡任务，虽然它们的范围比较小，时间长度较短）。为了成功完成整个任务，或许有多个目标，但海豹突击队员每次主攻一项任务。不管你面对直接挑战，还是需要持久的长期策略，你都能够通过四个方法用前瞻专注力克服任何障碍，完成任何目标：

- 心理准备
- 设想目标
- 确定使命
- 简化战场

虽然大多数人都不会面临在跳伞事故中骤然跌落坠地的危险，但是我们都有需要战胜的重要挑战。如果你在生活中练习前瞻专注力，你就会轻松区分高价值目标和低垂的果实，在任何混乱形势下向这些目标前进时保持绝对信心。你还可以养成简化的习惯，这能减少上述混乱状态，强化任何努力的效果。如果没有前瞻专注力，你势必会脱离正常轨道，最终在日常活动和思考中陷入困境。在战斗中，常规思维会让你丧命，但是在日常生活中，常规思维只是会剥夺我们期望你像海豹突击队那样高水平行动的机会。

锻炼你的心智

> 胜兵先胜而后求战，败兵先战而后求胜。
>
> 孙武，《孙子兵法》作者（公元前544年—公元前496年）

我在诚道空手道训练馆，中村大师邀请我来参加黑带测试。格斗毫无杀伤力地开始了——我的两个同学和我都得使出所有的招式和自卫动作，从白带一直到高等级动作。没有问题。然后中村给我们来了个措手不及：他让我们戴上护具，这时一长列样子吓人的黑带走进室内。我慌了，心想："呃喔，不好。"很明显，已经传出消息，我们需要接受些教训了，有许多大师愿意帮忙。

我投入到第一场比赛，试图用上我在过去四年里和一千多小时的训练中学到的所有动作，但是对手们的技艺远高于我。我陷入了困境。但是我很顽强，两个小时后，我还在打。我已经筋疲力尽了，还能回想起形势发生转变的那一刻。第二轮与我打斗的是雷顿老师，以冷酷无情的斗士而闻名。他利用了我的弱点，两次把我仰面朝天打倒在地。我的体能在下降，我开始思考：可能这次测试并不是重点考查身体技能，而是注重我们在诚道训练的心智、情感、精神技能的考查。我知道我得利用完全不同的技能，停止身体搏斗。

我开始深呼吸，向我精疲力竭的身体默默喊出一个命令："好了！"我睁大眼睛，不再担心像武器一样向我打来的拳脚，当这些目标进入我的意识时，转而把注意力集中在对手身上的要害部位，一次攻击一个点。深呼吸减慢了我的心跳，放松了肌肉；我进入冥想状态。时间慢了下来，我躁动的内心平静下来，我能用自由无羁的心态面对恐惧。我的内心深处有个东西在滴答作响，使我勇敢镇定，一股能量波浪式地涌遍我的全身。我开始用新发现的力量和掌控能力打斗。不久，我重新恢复战斗精神，从内心深处聚集能量，这引起了中村大师的注意，他大喊一声："好了！"

中村（似乎是在纽约市所有黑带高手的帮助下）用力把我拉到场地的边上，但是，我得把内心分散的"思考"注意力释放出来，使我慢了下来，把注意力完全集中到争取胜利上。我最后不再考虑测试了，而是担心我的表现如何，我下一步应该使用什么动作。我完全处于前瞻专注状态，一次只针对一个目标——发动攻击，或者封锁动作——我发现我能更轻易地利用成功所需要的意志力和精神力量。当我获得我的黑带时，我偶然发现了最终成为保持前瞻专注力的第一个原则的要素：要想取得某种胜利，我们必须控制自己的心智。

深呼吸

在你开始控制心智之前，你首先得让内心平静下来。平静心理和身体最快的方法是通过缓慢有控制的深呼吸。腹式深呼吸，保持与外部环境相协调的节奏，这是一种控制生理反应简单而强有力的手段。通过全神贯注的呼吸，你把注意力集中到此时此刻的“前瞄”。这种沉降式练习有助于减少心理躁动，防止精神分散，一般来说是对自我心智控制非常有效的方法。它还能重新平衡神经系统，减少与恐惧和压力相关的有害生理反应。

在原则五中，我们将讨论如何训练这种作为意志力五个关键要素之一的技能。但是现在我们还是要花点时间通过快速训练的方式体验一下它的效果。

海豹突击队训练方法

—— 深呼吸 ——

在一个不受干扰的安静地点，身体放松，闭上眼睛。慢慢用鼻子吸一口气，让整个肺部吸满空气。吸气时，你的横膈膜会向外压迫胃部。现在呼气，还是通过鼻子，呼气后使腹部和胸部变平。继续至少做四个循环——此时这种模式会让你感觉更舒服，你会感到放松和自在。任何情况下你都可以利用深呼吸让自己安定下来，使头脑清醒。下一次当你感到紧张或者生气时，可以尝试这个方法。

神圣的静默

我在诚道空手道训练时学会，并在海豹突击队里多次得到强化的另一个技能是沉默的力量，用来创造控制内心的条件。沉默可以是冥想，像禅宗练习那样，或者坐在一个隐匿处24小时观察目标。我发现离开现役军人岗位回到商界以后，体验沉默的机会大大降低了。事实上，当我最初离开现役岗位开始从商时，我完全停止了练习武术和静默。我感到控制心智和情感非常艰难。结果我发现自己很容易精神溜号，经常失去前瞻专注力，经常找不到直觉，不能做出艰难的正确选择。

我对商界的热情促使我建立了NavySEALs网站，同时，我答应和我的内兄内弟们合伙开一家啤酒餐厅。由于我把精力都放在啤酒餐厅上了，无法付出足够的时间和精力，我很草率地决定以50%的分利让一家网络开发商为我们打理网站和生意。由于缺乏神圣的静默练习，我过于轻率地中止了对网站的关注，虽然我的网站合作伙伴是个好心人，但是他更热衷于设计，商业经营能力却很差。当然，最后网站做得很酷，可是没有赚到一分钱。

我把他的那部分份额买了回来，但是我又忽视了我的直觉，感到不知所措，匆忙把网站管理转交给另一家网络开发公司，而没有彻底审查公司的背景。情况开始好转，但是当我发现他们盗用了我的域名时，和他们的交流就中断了。我立即采取行动中断关系，作为回应，他们盗取了NavySEALs.com的整个框架结构和知识产权，建立了一个和我的网站完全一样的商业模式。嗨，我真的感到很愚蠢，尤其是就在相同的这几个月里，啤酒餐厅开始陷入困境。在这期间，如果我花点时间仔细考虑这些问题，我就会意识到焦虑分散了我多少注意力，让我做出了消极的决定，那么我就能集中精力从焦虑中解脱出来，把注意力集中在正确的目标上，然后很快把问题搞定。然而，我却做出了失败的反应，想把问题一次性搞定，结果使问题一步步偏离正确轨道。

当我明白了我这几个月是怎么误入歧途的，我发誓永远不再脱离训练了。我坚信，海豹突击队成功之道的领导者必须每天为自己和团队创造静默时间。

静默为你创造了思考的空间，因而你才把现实看得更清楚，这对你练习为目标建立前瞻专注力、执行使命非常关键。通过练习，我们能够完全控制批判性心理（一种使我们不能正常扩张、收缩的心理），更充分地利用我们的精神力量。除了能更好地看清真实的自己，我们还能用更清晰、静止的心态看清现实，以便能做出更好的决策，获得更多的见解。当我第一次在中村的指导下开始冥想时，我只能将静默心理保持两个呼吸周期。我想到了不如意的工作生活，我的工商管理硕士课题，我的女朋友，以及其它的一切。只是经过了六个月的训练，我就得以让我的心静下来，保持四到五个呼吸周期，这个成就赋予我新的见解，其中有一些——例如意识到我的工作会使我很不愉快，除了金钱和能力上的证明不会给我带来有意义的目标——这让我怀疑起自己的选择。经过一年多每周一次的静默练习，我能达到十个呼吸周期，我清楚地看到，我的不如意不是来自不开心的工作，而是由于它与我独特的人生目标不一致。

另一个例子来自我的一个学生。二十几岁的扎克受到弟弟死亡的严重打击，进入海豹突击队参加适应性训练，在参加我的“战无不胜大脑”项目训练时已经处于绝望的境地。扎克和弟弟的关系非常好，每天花好几个小时一起远足，骑摩托车远行。一次远行中，弟弟克里斯在车祸中丧生。扎克自然感到极度痛苦，责怪自己没有保护好弟弟。幸存者自责并不罕见，但是这次事件对扎克的打击尤其大，因为他没有找到有效地应对这件事情的精神支撑和方法来。治疗不太管用，所开的药只能让他陷入更深的绝境。一位前体育明星在体育目标上失去了前瞻专注力，感觉到自己的身体能量已经枯竭了，有时候连床都起不来。情况变得非常糟糕，导致他想自杀。

有一天，一个关心他的朋友向他介绍了“海豹突击队健身训练”和我的免费在线视频训练。扎克迫不及待想知道答案，就先从听激励性的视频消息开始训练。他通过吸收这些有积极意义的信息和他们强调的非无意义练习方法，开始感觉精神状态在发生变化。他尝试其中的一个免费体能锻炼视频，后来感觉非常好，就马上被迷住了。他不久成为了我的“战无不胜大脑”在线项目的客户，这个项目引导他进入了下一个阶段的治疗项目。

“前瞻专注力”要求我们带着信心和清晰的思维执行使命，因此“战无不胜大脑”的第一课都是关于锻炼心智控制的内容。它包括我称为“静水流深”的练习，这是冥想与形象化设想的结合，以中村大师的一个禅宗讲座命名，在我参加诚道空手道冥想练习之前每周四下午都上这个课。静水的隐喻代表对自我或灵魂深层次的、永恒存在的见证，通常都被人的批判性心理湍急的急流淹没了。扎克坚持做这个练习，这是他第一次参加神圣的静默练习。起初，他内心的思想斗争就像我在纽约的武馆里那样激烈——尤其对于爱活动的人来说，纹丝不动地坐在那里，大脑还在活动，这是个艰难的过程。

海豹突击队训练方法

—— 静水流深 ——

坐在椅子上或者靠在墙边，确保背要坐直，下巴稍微收拢，身体放松。现在轻轻闭上眼睛，把注意力集中到呼吸上。按照前面的描述做五次深呼吸，想象你的身体从头到脚都平静下来。然后进入自然呼吸状态，但是要把注意力集中到呼吸上。

在内心想象，看见自己坐在深塘底部。当你往上和周围看清澈和闪闪发光的水面时，感到宁静和沉寂。任何想到的形象都只是涟漪。

过一会儿，如果你愿意，可以让这个情景消融，只把注意力集中在呼吸上。现在，开始数每次呼吸的次数。数完两次，你突然意识到你正在思考工作中的一个大项目，不要担忧。就让那个想法飘在表面，然后消失，然后再开始计数。你的目标是达到10，而没有任何其他想法。这比听起来要难得多。每天至少练习5分钟，练30天。一旦你觉得平静心态已经做得很好，你可以把这个练习和本书中的其它练习结合起来做。

他花了几个月时间，每天练习15分钟，才慢慢使内心平静下来，让其得到控制。随着他变得更善于沉思，更有见解，他得以从负面的心理躁动和让他陷入极度自责和困惑的痛苦情感中解脱出来。他知道他多么不愿意让自己去经历正常的悲伤过程，因为他很大程度上把弟弟的死因归咎到自己身上。正是这次“静水”练习让他第一次意识到，他作为一个普通人和哥哥所具有的内在善良，让他重新燃起爱自己和宽恕自己的情感。与他在训练期间培养的精神更深层的联系也让他有了重要的见解，例如，理解和接受他当时做不出任何事情来解救克里斯，纪念他九泉之下的弟弟最好的办法是过上健康、幸福的生活，而不是破碎的生活。通过这个简单而有效的练习，扎克的情绪开始从内心痊愈了。

又经过几个月的训练，他增加了一个积极目标的练习，把他的潜意识和强力口号联系起来：“日复一日，我在各个方面都会变得越来越好”（在“战无不胜大脑”训练项目中我推荐的经典练习），还有“我是个好人，我弟弟爱我”。他用积极的形象支持这些口号，把自己想象成一个乐于助人、慈爱的哥哥，看到弟弟现在在一个很好的地方，满怀宽恕。不久，他通过“海豹突击队健身训练”瑜伽和功能健身训练找到了进行身体锻炼的能量和动机。两年后，扎克在20倍挑战项目的结束仪式完成后找到我。他告诉我，“战无不胜大脑”训练，特别是“静水”练习，拯救了他的生命！重新控制他的心智，帮助他把原来指向负面想法和表现的“黑洞”能量改变方向，将其重新指向积极目标的前瞻专注力，例如改善健康状况。现在他超级健康，情绪调整得非常好，他脸上无比粗犷的笑容说明了一切，完全消除了关于他弟弟死亡的愧疚感，并且说他现在比几年前好多了。当他给我讲他的故事的时候，我感觉到一股感激的波浪在推动着我。扎克只是需要一个人教他如何平静内心，把他与善意和爱驻留的内在本性联系起来。恐惧和消沉不会留在爱中。我们每个人都有这种内在本性，该慢下来与它关联上了！

在本章的练习部分，我将为你提供一些控制心智和重新训练思想的高级工具，但关键是你要先开始练习神圣的静默练习。不管你在人生中做什么斗争，你都可以使用这个简单快速的练习，去搭建控制心智的舞台。

设想你的目标

> 人的心智能设想到的和相信的，都能够做得到。
>
> 拿破仑·希尔，畅销书《思考致富》作者（1883–1970）

“前瞻专注力”，尤其是在受到清晰强大的出发点支撑时，能推动你向实现任务成功的每一个目标前进。但是你究竟应该把注意力集中在哪里？你怎样才能“看见”目标，即完成你下一个升职目标的关键证明，或者是完成找到你的爱情伴侣和组建家庭的使命？关键是想象你的目标——不管是目标本身，还是使命的层次——用一种叫作“心理投射”的形象化设想手段。在原则一中，我分享了“未来的我”的形象化练习，就是一种心理投射。这种类型形象化的目的是播下一颗未来愿景的种子，例如，成为你公司的首席执行官，将其植入你的潜意识和神经系统。当你在“现实世界”中采取行动时，新的内在形象会使你的情感、心理与你的行动保持一致，支持你实现那个愿景。换言之，心理投射与实际行动相结合，形成了一个看见、相信和实现的过程，这是一个极为简单，但是非常深刻的概念，让我的人生实现了重大突破，对我的学生来说也是如此。

看见目标，相信自己，让目标实现

吉姆在2011年来到海豹突击队健身训练学院，再一次向我证明了心理投射的力量。当时，吉姆刚40岁，是一个制造公司的区域销售代表。虽然他有一份很好的工作，财务安全，家庭美满，但他对自己的生活并不满意。我经常听到这类故事，感觉这是一种全国性的“疾病”。吉姆从一个朋友那里学过海豹突击队健身训练的知识，他认为这个训练会让他脱离平淡枯燥的生活方式，把他推向一种目标更明确的生存方式。

在学院里，我和同事们强迫他冥想，保持头脑清晰，写下他的立场，陈述他的目标和激情。几天里，他开始意识到自己方向有误，就像我在二十多岁时那样。吉姆做了工业销售的工作，这与他热衷的教学和领导他人毫无关系。他想用手头现有的、战士-运动员方法向别人讲授海豹突击队健身训练方法。但吉姆才刚学了一些基本要素。他明白，他必须“成为他想要在这个世界看到的那种改变”，正如甘地所说的那样，所以他决定立刻努力工作，首先改变自己。不过，他问我，除了学习海豹突击队健身训练的外部技能，他应该如何、从哪里开始训练？

我向吉姆建议，首先要搞清楚目标，把目标写下来，然后将前瞻专注力集中在自己的使命上，让他的生活与新目标保持一致。第二天他回来找到我，说他的目标是鼓励别人取得更大的成就，热爱生活，过体面的生活。他也认清了自己的使命：在家乡开办一个训练中心，讲授海豹突击队健身训练方法和价值观，尤其是荣誉感。令人欣慰的是，他这样做并没有改变职业，或者放弃一个没有出路的工作。事实上，吉姆打算在追求梦想的同时，保留自己的工作，以便能养家。不，这是他在职业之外用一种对他有意义的方式影响世界。他的新使命必须与赚钱方式保持平行。这是一个以家庭为重的成熟男人或女人如何应用变化和调整原则的极好范例，他的风险因素比一个在海豹突击队隔墙观望的24岁注册会计师的风险要高得多了。

我知道吉姆需要在心里清楚地看到为个人胜利设定条件的结果。我让他设想两年后这种成功的样子。他诚挚地采纳了我的建议，认真地用他的心理健身房（你在本章的练习部分会学到怎么做）开始了每天的形象化训练。他设想出理想的训练设施、拥有的成员类型、将上什么课、将怎么融资、开展业务以及这个业务对他家庭的影响，尤其是对他孩子的影响。他认定自己不能亲自管理健身房，应该让妻子管理，因为她很愿意参与其中。在他的形象化练习中，他们夫妻二人肩并肩工作，尽可能多地让孩子们也参与其中，在这个过程中，整个家庭作为一个团队变得更加强大。带着已经播下的种子，他离开海豹突击队健身训练，回到日常琐事当中，但是他每天继续做形象化练习（以及他学会的许多别的东西，例如使用焦点计划，我在附录1中为你提供了这个计划），不让这个情景回退到它所产生的原始状态当中去。

当他继续进行心智锻炼时，很快就产生了魔力般的效果。吉姆获得了巨大的信心，他相信他设想的健身房已经不是幻想，而是现实了。他只需采取行动，把它变成现实。吉姆有一份全职工作，经常需要外出旅行，还需要养家，但是他从来没有失去对目标的追求，策略性地执行他早在海豹突击队健身训练时设想的计划，包括取得更多的证书、攒钱、保护所在的位置、竭尽全力确保把构想变成现实。当然，我认识他两年以后，他邀请我到他的家乡宾夕法尼亚州阿伦敦新体育馆混合健身项目的“战无不胜大脑”研讨会上做演讲。

当我遇见混合健身荣誉所的成员时，吉姆取得的全部成就让我感到了自己的卑微。这些人对他们创建的文化、社团和训练的热忱令人难以置信。吉姆创建了他设想的理想，把他设想的能量变成了一群践行海豹突击队健身训练价值观的130名战士的团队。他可爱的妻子管理体育馆，他12岁的儿子积极参加锻炼，在课堂上和成年运动员一起做引体向上、俯卧撑、空翻。毫无疑问，吉姆看见并且相信了这些，实现了他的激情和目标，每天在设想，通过帮助别人，用最重要的方式使其变成现实。

海豹突击队训练方法

—— 设想你的目标 ——

第一步："看见"目标。你需要搞清楚你希望得到的结果。我们将在下一章里讨论怎样为你的使命做计划，但是现在只集中确定你想在哪儿结束。

第二步：想象目标。像吉姆那样，你必须想象结果，就像你已经完成了目标。大多数人都能想象；通过设想，你将创建一个目标很明确的想象空间。为了实现目标，这一步需要有基线参考：建立一个可视参考点（让你的构想更具体），把自己融入设想的情景之中。参考对象可以是实际经历，静止的照片或者是活动的影像（例如我使用的海豹突击队"做一个特别的人"的视频）。

第三步：练习。每天在你的头脑中播放一次设想的现实。我建议你把它当做强有力的早晨例行活动或者晚间例行活动来做（见附录2）。为了使效果最大化，你必须把你的形象化设想与信仰、期望和将构想情景带到现实的强烈愿望融合起来。

到目前为止，本章引入的教义仅仅是个起点。在心理准备适当的条件，会促进你实现重要人生目标的努力。如果你正努力实现海豹突击队价值的前瞻专注力，你得知道你要去哪儿。但是你怎样从A点到B点的旅程中避开潜在危险和干扰呢？你必须保证已经清晰地确定使命，然后简化战场，使你没有任何障碍。

确定你的使命

> 一根链条的强度取决于它最薄弱的环节。
>
> 谚语

当你想努力完成任何目标（理解为：开始执行使命），你必须搞清楚并确定期望，包括明确的和隐含的。你或许能够很好地把握明确的期望，例如“在预算内启动业务，准时运转”。然而，隐含的期望也隐藏在某种使命中。

例如，一个海豹突击队员可能明确了他的使命是炸沉敌舰。然而，上级领导还有一层含义，希望海豹突击队员做到让敌舰至少在六个月内不能执行任务，在某个晚上秘密完成任务，不能有任何损失。如果使命的内涵任务与团队的能力、资源、风险承受力或者时间框架不同步，那么它就会失败。

假如明确任务是开发一条新的生产线。似乎太直接了，对吗？然而，其中的隐含的意思是我们理解市场需要、驱动顾客的购买类型、怎样开发产品、怎样有效地根据我们的情况营销生产线。有时候，隐含任务可能在你的核心技能或者舒适带之外，所以你得完全重新让自己理解，或者重组自己的业务，完成总的使命。提出正确问题会让你避免对自己不能或不该完成的使命做出承诺，这种承诺就本质而言会阻碍你的前瞻专注力。一开始就做出正确的计划，有助于防止后来发生出其不意或者不利的后果，这种后果会干扰使你保持对已接受或者已选择使命的前瞻专注力。

例如，在我开发“战无不胜大脑”项目不久之后，我确定我想要通过网络发布数字格式。我把这个任务确定为制作这个项目的音视频，在一个自己设定的60天期限内，开始通过一个新的订阅网站销售该项目的第一课。我确信这个任务与公司的总目标一致，作为我的首要任务，它能够支配我的全部注意力。明确的任务是可以完成的，但是我发现在质询过程中有几个隐含的任务促使我改变使命。第一，这个计划需要专门用于网络运作的销售副本，这是我的营销部门缺乏的技能。为了完成这个使命，我需要找一位专业的广告文字撰写人，后来我得知这种差事既不便宜，人也难找。此外，我得确定和建立销售过程、营销信息和电子邮件营销引擎。为了完成这些任务，我意识到我和我的团队需要接受关于合作和联合经营的知识，这是一种可能需要花几个月的时间才能掌握的新技能。另外，还有围绕销售订购的数字内容的法律问题，我们在寻找通晓这种语言的律师，这会进一步延迟项目的建立。所有这些隐含任务都要求我从初始点和时间线后退一步，重新确定总任务，然后暂时把前瞻专注力转移到完成我已确认为达到最终目标必要的准备阶段。

海豹突击队训练方法

—— 提出关于使命的疑问 ——

为了搞清楚领导者们让你完成（或者你让自己做）的隐含任务（或者你问自己的问题），你必须提出以下更深层次的问题，例如：

- 我为什么要这么做？它和我们公司/团队的总目标一致吗？
- 有没有更重要的项目需要优先完成，以至于我偏离了正轨？
- 如果有的话，还有谁参与了促成这个项目的完成？
- 该任务对我和其他参与者究竟有什么期待？
- 我如何以及何时能指望他们履行承诺？
- 在我完成指定任务之前，还有什么其它子任务需要我完成？
- 在完成这个使命的过程中还有什么其他任务需要我完成？

简化你的战场

简单可能比复杂更难：你得努力让思路清晰，使其简化。

但是这么做最终是值得的，因为一旦你做到了，就可以撼动大山。

史蒂夫·乔布斯，美国企业家，苹果公司联合创始人（1955–2011）

“简化战场”是海豹突击队为消除注意力分散而提出的口号。当我们集中注意力时，我们就会把简单、良好的解决方案看得更清楚，使前瞻专注力保持正确的前进轨道。即使是精英团队也可能分散注意力，陷入复杂局面。史蒂夫·乔布斯对他的设计团队有一句经典的警言：“不够简单。”例如，他坚持在设计全新的iPhone手机时使用单一按钮，全部程序都通过软件图标来完成。在iPhone出现之前，像黑莓之类的智能手机，需要众多的按钮来进入诸多的程序。乔布斯一直坚持简单化，其结果本身就说明了问题。据说后来他在非洲把一部iPad（与iPhone具有相同特性）送给一名学龄前儿童，这个孩子以前连手机都没摸过，更不用说一部高科技的平板电脑了。这个孩子打开iPad，没有人教他，仅滑动屏幕，就打开了所有的程序。

简化战场需要两个关键因素。首先，你必须知道你作为个人、团队或者公司独特的能力，才能搞清楚必须做什么，对于别人来说你代表什么。然后你必须整理你的内部和外部环境，才能更清楚地看到解决问题的简单方法。

确定你的独特使命

如果你确定了目标和立场，就很容易理解你个人的独特使命。如果你目前处于领导地位，你还必须理解你的团队或者公司对世界的独特使命——你的特殊能力。

海豹突击队的技能设定包括许多能力，例如特殊的侦查能力、外国的内部防卫、反恐、安全细节、军事外交联络，等等。然而，团队成员理解他们的独特使命，并竭尽全力地贯彻执行，他们通过直接行动使敌人丧失战斗力（理解为：进入、完成、撤出）。你怎样确定你的独特使命？与确定目标一样，这个过程从突破性的问题开始，例如：

- ❑ 我要特别擅长和热衷于做什么？
- ❑ 我或者我们的团队（个人、团队或者组织）在哪一件事情上比任何人做得都好？
- ❑ 我需要具备什么素质才能产生、支持这个独特使命？
- ❑ 谁是这种能力的最大受益者？
- ❑ 如果我能传递更多的独特价值，我能获得什么好处？我或者我们的境况会更好吗？
- ❑ 我现在能采取什么行动去消除我完成独特使命的干扰因素？

这些只是一些指导方针，所以要毫不犹豫地用一些与你关系更密切的问题。关键是要搞清楚我们做什么，我们是谁。例如，我的独特使命之一是教学。我拥有支持我教学能力的素质是我热衷于指导、交流和设想未来的才能。我的学生直接从我的指导中得到最大的收获，但是我和给我优缺点反馈的人的联系越多，我学到的东西也越多。另一方面，我不太擅长诸如网络开发和互联网营销的日常操作。为了防止这些事情分散我的精力，我必须有好的管理人员和具有独特能力完成这些任务的技术支持团队。

一旦你清楚你的独特使命，就该通过消除（即在合适的情况下，委托他人）可能分散你注意力的所有因素来进行清理。通过简化，你可以把资源集中到一个重要方面——这对于产生戏剧性效果至关重要。

清理环境

当你的混乱状态没有影响你的工作进展时，你在正面和侧面都会拥有更多的空间容纳你所需的东西。如果你摒弃、分派、委托了责任、信仰，甚至是不再适合你的关系，你就拥有了更多的优先资源。当史蒂夫·乔布斯被迫离开11年后于1996年重回苹果公司时，他马上对苹果公司的独特使命做了评价，并认为这些独特使命是把公众厌恶的复杂、枯燥的个人电脑变成提供强大、简单、优良的运算方案。在他的领导下，公司放弃了许多产品、项目和所有的分支部门，全力开发新的iMac系列产品，研发出一个范围非常狭窄但很有前景的新产品。结果就是，六个月后公司的局面发生了逆转。同样，当我决定写这本书的时候，我把我90%的日常业务转给我的团队，这样我才能把注意力集中在独特使命上，讲授我的哲理和实践。结果，我能把精力集中在撰写这本书上，他们也得到授权，集中精力做他们最擅长的事情——管理海豹突击队健身训练的日常工作。

清理环境也能让你的内心更轻松，并对何时、何地、如何产生影响（以及控制影响的特性）给予更多的控制。例如，在2004年，当后备队派我去伊拉克，为了保持我的前瞻专注力，我放弃了获得博士学位的长久梦想。我一直认为，如果获得博士学位，我就可以获得教授资格，这样就能给更多的人讲授我的领导力哲学。但是现在，我的注意力被转移了。另外，我知道当我回到家时，我要把精力放在新近创办的公司“美国战术”公司上，我日益清楚地意识到，我的独特领导力发展品牌没有顺利地转移到学术界。虽然放弃博士学位的想法很难，但是我把它看成是一个不再适合我人生使命的目标。

为了简化，我讲授一个分三部分的课程系统，第一部分是清理物理环境，然后是承诺，最后是你的心理状态。我把这个过程叫作KISS（Keep It Simple, Smarty——保持简单、快捷）练习，我将在本章最后告诉你怎么做，但这只是大概的工作原理。

通过清理外部空间的方式开始这个过程，例如小柜厨、车库、汽车行李箱和书桌。整理混乱状态，彻底打扫这些空间——你大概每天都要看到或者进入的地方——对你的心理会有巨大的影响，有助于释放被阻塞的、影响你创造性发挥的能量。这就像是在精神上呼吸新鲜空气。

接下来，通过执行80/20规则清理任务和承诺。这个理论基本上是说你20%的行动能产生80%的效果。如果你搞清楚了20%的那部分高效行动，清除、委托或者分派其它所有的东西，你可以把更多的资源投入到你的独特使命和产出效率最高的行动中去。

一旦你简化了外部环境，简化内部环境就变得更容易了，这可能是保持前瞻专注力最难的部分。这部分需要告别情感纠葛或者拖累你、妨碍你的僵化信仰。仔细看一下你可能拥有的情感负担，例如不起作用的关系。然后寻找与你的现实冲突的信仰，例如，你酷爱并特别擅长音乐，但是觉得你不能在音乐界谋生，因为你父亲说那不是真正的工作。许多人都遇到过这种情况，但是没能采取行动，因为他们不愿意做出艰难的抉择或改变现有局面。但是如果你选错了目标怎么办？假如选错了，你应该改变局面，跳下去，给对手一记重击，然后再选一条船。

我一年里多次听到年轻专业人士经历同样的心理和情感斗争，而我在25年前也有过这样的经历。尽管他们陷入困境，他们当中许多人都没有听从内心的召唤，即使跟我说了以后也没有采取任何行动。习惯的力量和实现改变的阻力对他们来说太大了，无法冲破。乔尔却不一样。我遇见他时，他是个投资银行家，参加科科罗训练营，喜欢上了海豹突击队。他开始很虔诚地遵循我的训练和建议，决定向一位军官寻求帮助加入海豹突击队。认识到他的承诺非同寻常，我邀请他到加州恩西尼塔斯的海豹突击队健身训练中心实习。他打起行囊，带着妻子从芝加哥搬到圣地亚哥，辞掉了声望很高的高薪工作，离开了家和他的大家庭，抛弃了几乎所有的财产，把精力全部倾注到新的目标。九个月以后，海军选择了乔尔进入候补军官学校，到BUDS供职。他通过简化自己的生活，抛弃了几乎所有的东西，只保留一点必需品，在许多人无法逾越的关口，他成功了。

这个概念起作用的另一个范例是我的朋友米歇尔。大约在5年前，她开了一家营养补充的企业，但是不久她发现这项业务过于复杂，以她的水平和经验、资金和过于分散的精力难以应付，因为她同时还在接受教育和消防员培训，这是她期盼已久的梦想。当她与目标更密切地联系起来时，她意识到她的兼职工作需要变成主要目标。因此她做了简化，把营养补充企业卖给了她的制造商，保留了一小部分股份和兼职工作，把主要精力全部投入到全职社区服务，当现场急救员。

许多人都有强化承诺或者开启新目标的远大抱负，但是常常半途而废，因为他们的信仰阻碍了他们。他们不敢拒绝责任或是允许别人劝阻他们不做某些事情。当然，同情别人是对的，但要记住，前瞻专注力需要你满怀激情，非常自信、头脑清晰地投入使命。虽然完成目标不需要乔尔拥有的那种极端的简化和重组，但是原则是一样的。没有简单的解决方法，我也没有什么秘籍能提供给你。你必须认可，你的选择可能会受到情感因素影响——当你做出艰难抉择时，人们可能迁怒于你，你可能要忍受愧疚感和痛苦。这是你重组自己生活的自然结果，但这只是暂时的。你要做的是，拥抱逆境，迎接挑战。

海豹突击队心智锻炼法2

在心理上获胜

这个练习会帮助你建立心理防线，避免分散注意力；为了有效选择、追寻你的目标，成功完成使命，你必须头脑清醒。下面我们就为你在心理上获胜设定条件，这样你就能保持前瞻专注力，在人生奋斗中获胜。

第一部分：站岗的哨兵

在这个练习里，你要在心里设想一个哨兵形象，见证你大脑里发生的事情。这个哨兵将会观察，然后汇报任何消极或者不必要的想法（两者兼有的情况也很多！）。

找一个安静的地方（理想状态是你应该选一个能做所有心智锻炼的地方）。坐在椅子上，躺下或者坐在任何一个能使你的背部伸直，让你感到舒适的地方，没有烦躁不安的感觉。首先进行5分钟的深呼吸开始这个练习，闭上眼睛，在心理观察你的呼吸状态。

现在，把你的注意力从呼吸上释放出来，注意脑子里出现的形象。这有点难，但是你很快就会掌握的。注意或者观察你想法的是你的哨兵。如果有作用，你可以想象一个卫兵或者士兵坐在你意识的控制面板旁，扫描你输入输出的信息。当你的哨兵注意到你在思考什么事情，不要跟它打架——承认它，任它去，重新观察你的想法。这些想法是积极的还是消极的？它们是随意的还是有指向性的？这对接下来的练习非常重要。你可以把这部分练习重复几遍，然后再进入第二部分。

第二部分：指引你的心理状态（DIRECT）

这部分是你心理控制的快车。既然你在开发观察思想内在活动的能力，我们希望你的哨兵开始指挥你思想的交通。回到你的安静地点。这一次，当有随意的想法冒出来时，执行下面的指引过程。当你对这个强大的方法感到自在时，尽力在白天引导你的想法，尤其是对良好境况和前瞻专注力有破坏力的想法。

探测（Detect） 你的哨兵会发现任何溜进你大脑的想法。纵然我们乐于相信我们的想法受我们的控制，你再猜猜，想法是不断产生的，许多想法和我们原来的想法并没有关系，对我们的生活也没有积极作用。有人在交通中阻碍了你会引发你在公路上发怒，这是情感驱动思想很好的例子。这种情况我们大多数人都遇到过，但是分散你前瞻专注力的每一个想法都会削减你的精力，必须认真对待。

阻止（Interdict） 如果你的哨兵探测到一个消极或者无用的想法，用一个简单的指令阻止它，例如“停下！”或者“不！”。当你告诉自己停止思考某件事情时，猜猜会怎么样？你会停下来……一会儿。

重新发出指令（Redirect） 一旦你阻止了一个负面想法，你得将大脑重新指向新的、正面有力的想法。当另外一个司机挡住了你的路，激发了你的报复心理，你的哨兵会探查到，然后发出“停下！”的指令。重新指令是用简短对话进行的，例如“那个人这一天很不顺利，太糟糕了，但是我不会让它阻挠我的行程。我要集中注意力想一些积极的东西。”你内心会乐于接受积极的新指令。

增加能量（Energize） 通过全身心的支持，进入一个与你的心理变化相匹配的新的心理状态来巩固新的想法。例如，让你的形象看起来很强大、自信、积极向上。现在，感觉一下！坐直了，来一个灿烂的微笑，然后大笑。深呼吸，感觉一下全身心强大、有信心和积极的能量状态。谁也不能破坏你的好心情！

交流（Communicate） 这一步骤是保险策略：你必须用一种新的方式和自己对话，以便消除任何潜伏的消极因素，防止新的破坏性想法的产生。在海豹突击队训练过程中，我使用了这样的口号：“感觉不错，看起来真棒，我真该待在好莱坞！”正是为了保持我的能量和注意力在不断的磨砺中。我还用“日复一日，我在各个方面都会变得越来越好”的口号。

训练（Train） 你的心理可能是你强大的同盟，也可能是造成懒惰的魔鬼。每天练习指引技能，就像你每天锻炼身体一样，不仅会让你进行即刻控制，还能训练你的大脑永久性地发挥精英级的水平。

构建心理健身房

为了开发你的形象化技能，并为你提供练习场地、注意力和动力，我们将在你的心里构建一个健身房，这是你可以进行心智锻炼的特别场所。最后，让参访你的心理健身房成为习惯，立即实现以你为中心，帮助你保持前瞻专注力，引导你实现你希望完成的任何任务的意志力和能量。这作为你心理投射的框架结构特别有用。

找一个舒服的地方，闭上眼睛，想象世界不复存在。深呼吸几次，让自己处于中心。当气息在你的体内流窜时，把注意力集中在呼吸上。吸入，呼出……吸入，呼出。跟随你的呼吸到静止状态。把你的意识带到此时此刻，让当天所有的想法和焦虑以及你周围嘈杂的干扰，都在你的大脑中流过，而不要留存。把这些想法都释放出去。

现在，想象自己走在一条小路上，并不匆忙，但是你看到远处右边有一段楼梯，你朝楼梯走过去，转身往下看，有十个台阶，你慢慢往下走，每走一步都吸足了一口气。十、九、八……走到楼梯尽头时，你看到一个拱门，这是通向你训练区域的门，你可以在那里构建心理健身房。你又吸了一口气，走进门去。

你现在处在你的特别训练区，你对这里看起来很熟悉。环顾四周，你会看到周围的环境很美。什么样的场景对你来说都不错——这可能是个海滩，一座山或是峡谷。这甚至不像是在地球上。在这个地方，地心引力不起作用了，你可以做对你或者对整个人类有益的任何事情。其他任何人都不能进入这个地方，除非你邀请他们。这是你要冥想、设想、练习技能和寻找解决未来良方的地方。现在，让我们在这个空间构建你的心理健身房。

心理健身房的样子可以是你要想象的任何形式。我的心理健身房是在山边，有木质地板，但是没有天花板，这是练习瑜伽和徒手格斗的地方，有一个用来冥想的坐垫。这看起来有点像瑜伽训练馆或者武术馆。现在开始建造你的健身房。它有窗户吗，是露天的吗？地板是木质的，还是铺着地毯？墙上装饰什么颜色或者类型的艺术品？你需要什么设备？把一面墙空下来，留着做心理投射的屏幕。另外，也可以尝试在这个健身房里放置任何你可能需要的做心理练习的东西和任何能给你带来宁静之感的东西。今天的第一次参访，你需要做的全部就是建立空间。

参访结束后，在对你的工作感到满意时，用这个安全、原始的训练场地作礼物表示感谢。现在，离开你的心理健身房，往回走到门口。回头看看，审视一下你的作品。当你准备好的时候，转身，迈步走出大门，沿着楼梯台阶走上去，一步一个台阶，回到外在意识的自我。每上一步都会使你离正常、完全清醒的状态更近一步。当你到达楼梯顶端时，沿着小路走回现实世界，慢慢把意识带回到你身体的每一个部分。当你睁开眼睛结束练习时，你会感觉头脑警觉，精力充沛。

KISS（保持简单、快捷）

越少的干扰和尚未划分的资源相当于更强的前瞻专注力和更好的结果，所以要“保持简单、快捷”。从小学到商务寓所，这个方法随处都能讲授，因为它有效！下面是海豹突击队成功之道的做法。

第一步：从清理你的日常空间开始，按照从小（书桌）到大（车库）的顺序整理。你不必一次全部完成——一天整理一个角落即可。

第二步：接下来，按照前文中的描述分析你的独特使命，开始解析你的日常任务，找出关键的20%。用一周时间，以30分钟为单位记录你所做的一切，包括微博时间和上下班通勤、训练甚至睡觉时间。更深入一步，记录你在这些单位时间里是如何度过的。例如，在工作时，你每天检查两次电子邮件，还是每十分钟检查一次？在周末，分析并找出可能存在的问题，对你每天真正做的事情有清楚的了解。现在你已经知道，你可以清除那些不能对你有所帮助的行动或者浪费时间的事项，才能集中精力产生你想要的结果。

第三步：最后，你该消除一些对你无用或者其它分散你的责任、怨恨、委屈、消极信仰和未完成的情感内容，清除你的心理垃圾。预料到并接受将会有很艰难的选择；寻求内在的轻松旅行，做出积极的反应，要不然就轻装简行。这就是海豹突击队成功之道。

遵循这三步有助于简化内心经历。你可以对某些事情赋予理智，但是你在真正理解一个概念之前需要在某个特定的地点表达或者经历它。如果你忠实地执行这三步，势必会从根本上获得KISS的力量。因为KISS适合你所做的一切，让你能够把这个概念整合到你生活的各个方面。通过简化事项提高效率是战无不胜的策略。

THE WAY OF THE

SEAL

原则三 为你的使命做好防范

PRINCIPLE 3 : BULLETPROOF YOUR MISSION

以终为始。（七个习惯之二）

——史蒂芬·R. 柯维

畅销书《高效能人士的七个习惯》作者（1932-2012）

95%的新企业5年内会失败的一个原因是：人们没有能力消除不确定性并降低风险。虽然我的海豹突击队经历本应该把我培养得更好，但我在1996年底现役复员后和我的内兄内弟们一起创建科罗纳多啤酒公司时，没有练习过前瞻专注力。

科罗纳多啤酒公司是一个位于加州科罗纳多美丽、高端的啤酒公司和饭店，西海岸海豹突击队基地就位于这里。我受邀合作创办了一个小型精酿啤酒酒吧，我看到了更大的前景，我想我的伙伴们也看到了，不久，我不经意中自己撰写了一个规模更大的啤酒餐厅的计划。这个计划进入了我们需要的资本细节，谁来管理业务、菜单以及其它一些事项，回想当时，这些事情几乎没有可能像我们想像的那样运作。我现在知道，为了支持前瞻专注力，你必须给你的使命穿上防弹衣，避免失败。

在我有限的知识见解中，我很清楚科罗纳多啤酒公司的使命：开办并经营一家啤酒餐厅。但是，我没能正确确定这个使命，忽视了隐含的要求，包括这样一些事情，例如确保充足的投资（我没有），创建一个与该使命一致的“A”级选手团队（没有），确保我的目标具有很高的价值，是精挑细选出来的（我的目标不是）。

起初，我把注意力集中在突出的目标上，例如募集资金、建造设施、雇用和培训员工，以及完成规章制定过程。然而，当我们快开业时，我的注意力转移到尽快开业，因为我们的资金快用光了，我感到产生现金流的压力很大。不幸的是，正当我竭尽全力完成这个生存目标时，我忽视了建立产生多个经营单位需要稳固的商业基础的总目标。我还忽视了成功完成使命的关键目标，例如，与我们作为一个团队的前景一致（我的前景包括开办更多的啤酒餐厅，但是我的合作伙伴对扩张业务不感兴趣），培养有效的交流和信任（我们没有坦诚的对话，你会在“海豹突击队成功之道训练方法”中知晓其重要性），或者改善金融控制和运行系统，这样我们的企业才能成长（需要一套与我所具备的技能完全不同的技能）。

我把全身心都放在企业上，只关注我容易看到的短期目标，然而被忽视了的高价值目标和开办企业的隐含要求压倒了我。虽然我们的确在收到中小企业贷款9个月之后得以开业，吸引了日渐增多的忠实顾客，但当出现困难时，合作很快就停滞了。

更糟糕的是，对于随后发生的过山车式的家庭变故，我自己没有做好心理和情感上的准备，把我妻子和她的父母亲都卷了进来。回首往事，虽然我为我创办的事业感到自豪——到现在还是欣欣向荣的企业——令我深感遗憾的是，我创办的这个企业把妻子的家庭拆散了，因为他们在关于我对投资者和内兄内弟们的忠诚问题、我岳父对我和他儿子们的忠诚问题上产生了严重纠纷。对前景的分歧，以及没能给使命采取防护措施导致了不良后果。我做了大量的设想，但是由于目标本身与现实不一致，我做的心理工作没有收到理想的效果。

我事后认识到，没有适当的计划和认真策划的执行策略，我创办的企业就是一场充斥着希望和期望的赌博，没有确定性。为了避免代价高昂的错误，你必须给你的使命穿上防弹衣，它的含义是：

❑ 只选择高价值的目标

- ❏ 考察你的选项
- ❏ 与其他人交流你的构想
- ❏ 使命预演

对于科罗纳多啤酒公司，我们没能把许多方面作为一个团队融入一体，就像你看到的那样，很快我和合作伙伴之间就出现了严重的问题。在他们违反了要么和我一起投资，要么每天到公司上班的约定后，我开始意识到我们的道德感不一致，团队分裂成了互斗的派别。我发现自己陷入了一场争夺企业控制权的法律纠纷和家庭噩梦。当起诉者得知我们处于混乱状态时，悬而未决的餐厅出售落空了。三年的痛苦经历给我妻子的家庭带来了严重后果——她的两个兄弟（我的合作伙伴）和她疏远了，而迫于压力，她与父母也决裂了。

整个过程中，我倾力帮助桑迪度过难关，尽量减少随之而来的损失，维持我们的婚姻，通过股东协商采取适当措施。毕竟是他们在我幻想着做大公司的梦想时和我一起担负了资金和投资风险。最终，我用利润的形式返还了他们的资金，但是那已经过去好多年了，至少可以这样说。我又用了好几年时间才明白整个过程中问题的症结，找到光明的前景。我发誓不再犯同样的错误，直到今天，我对合作者和投资者仍然心有余悸（虽然我可能还要说，桑迪和我的继女们现在都在为海豹突击队健身训练项目工作，我们相处得很好）。这段痛苦的经历在许多方面启发了我，我感谢这些教训，还要感谢我的合作者，因为他们是我的老师，虽然我承认我花了很长时间才发现应该表达感谢。后见之明是20/20，我现在非常清楚，为了获得高水平的成功，我本可以给科罗纳多啤酒公司的使命穿上防弹衣保护起来。让我们看看上面详细介绍的四个原则，希望你的使命每次都能有更好的结果。

选择高价值目标

成功不会自己来到你面前……你得努力才能得到它。

马尔瓦·柯林斯，美国教育家，预备学校网站创建者（1936- ）

一开始选择了正确的目标有助于给你的使命穿上防弹衣，因为你会知道你的资源究竟最明确地指向哪里。这会提高你忽视和分散在这个过程中发生干扰的能力，保持前瞻专注力，其结果会大幅度提高你成功的几率。如果我运用了更好的计划过程，我就会为科罗纳多啤酒公司选择更精确的目标，以保证企业更健康，在开业后保持每天银行账目盈余。我此后一直在开发、测试这样一个计划过程。

海豹突击队使用了一个简化版的目标分析过程，这个强有力的过程确保目标“适合”使命，让你避免应对错误的目标。你可能熟悉一个叫SWOT的商业分析工具（竞争优势、竞争劣势、机会、威胁），SWOT分析有助于你评价与你的竞争对手相对比的优势和劣势，目的是在市场环境中选择一个使命。FITS（适宜性、重要性、时间确定、简化）的分析过程与之有些相似之处，但是我特别选定它来确定哪个目标最适合你选择的使命，相应地应与原则一中讨论的目标联系起来。如果你已经熟悉SWOT，发现它很有用，你可以很容易地将其和FITS分析过程结合起来，进行重拳出击。

在练习部分，我将教你在创建使命计划时如何应用FITS分析过程。简言之，FITS要求你用四个标准看待每个可能的目标：

- ❑ 这个目标**适合（fit）**你的技能和团队吗？它能为你的投资给予很好的回报吗？
- ❑ 这个目标在成功完成使命的过程中有多么**重要（important）**？
- ❑ 在追求这个目标的过程中**时间确定（timing）**达到最优化了吗？

❑ 这个目标简单（simple）清晰吗？

你可以利用这个过程评价预先选好的目标，或者按照四个类别当中的每一个给目标打分，分数从1到5。你在计算数字时，就会知道哪个目标的价值更高。

例如，我原来在科罗纳多啤酒公司的合作伙伴里克，一开始就建议我们开个酒吧。分析了投资回报、我花费时间的机会成本和我们的一个酿酒大师朋友的天赋，我努力争取更有雄心和适合啤酒餐厅的目标，我们可以在那里酿酒、出售啤酒，加上全套的食品菜单。因为我看到了我们创办一个可持续经营的零售店的使命，能够提供急剧增长的机会——而且不仅仅是一个门店——而是一个啤酒餐厅，我觉得这是一个比酒吧更好的经营机会。

我对啤酒餐厅的投资回报潜力评估是正确的。但是，最终里克（后来他的哥哥参与了合作）没有分享我对总使命的构想，因此，这个目标不适合我们团队。

在我们追寻啤酒餐厅概念之后，我发现自己身处险境，在创办科罗纳多啤酒公司的努力中快要淹死了。那时，由于我们资金紧张，我想早点开业，以便获得流动资金，这个短期目标看似很重要。然而，这个形势的出现只是因为在游戏早期我没能把注意力集中到更重要的目标上：如果我从一开始就募集了合适的资本数量，我可能后来就会把前瞻专注力放在更高的价值目标上。

FITS的关键标准是确定时间，我们的时间确定得非常好。我们很早就进入小型啤酒酿造市场，看到了在我们的城市里开办第一个啤酒餐厅的机会，然后在一个有很多居民，却没有高档饮食设施的地方开办旅游目的地饭店。我们能够确定一个位置，而且提前竣工。这是这个企业尽管结构和团队功能不正常，但是非常成功的原因之一！不幸的是，虽然开啤酒餐厅连锁店的目标很清晰，但是所涉及的隐含任务让这个目标执行起来很艰难。我们的团队既没有建立多个连锁饭店的经验，也没有大规模重组完成这个使命的凝聚力。

虽然FITS过程一般都会鼓励我努力争取办啤酒餐厅而取代酒吧，而且它还会帮助我找到早期计划中的瑕疵，尤其是简化完成目标过程中的瑕疵。在创办科罗纳多啤酒公司，为每一个连续目标努力的过程中，如果我继续应用FITS分析过程——从提出概念到开始实施——在我有压力时，我一定会对正确的高价值目标保持更好的前瞻专注力，而不会受到干扰。

只关注高价值目标，而不是每天向“低垂的果实一样容易实现的生活诱惑”让步，这需要自制力。当我坐上刚刚起步的科罗纳多啤酒公司首席执行官之位时，我有机会在圣地亚哥又获得了一个啤酒厂。厂主已经是我们啤酒公司的酿酒大师，我觉得这是一个非常好的扩张渠道。我做了这笔交易，但不幸的是，由于时机不对，我们没有足够的资金去实现扩张的构想。我把在企业中的份额卖掉后，企业就转给了另一个企业家。还是这样，如果我遵循FITS过程，我就会意识到应该避开这次并购，而把时间用在募集足够的资金，以便我和合作伙伴更好地交流，为市场和运营系统的扩张做好准备。

审视你的选项

> 当目标明显达不到时，不要调整目标，而是调整行动步骤。
>
> 中国谚语

正确的前进路线少有十分清楚的。我们经常有多种满足我们目标的选择，但是它们并不都适合你的情况。关键是仔细考虑这些选项，你才能做出保证使命成功的最正确决定，这样做会帮助你确定最优的前进路线，其中的细节最终会变成你的使命计划。但是你怎么才能以保卫使命的方式找到并分析你的选项？

我在2004年去伊拉克执行任务期间，做了一年的征调预备队的成员，我观察了一个海上特遣队，目的是分析海军士兵是否适合进入特种作战指挥学校（标准名称为USSOCOM，一个监管陆军、空军、海军和海军军团特种部队的合成单位），或者他们的特种单位是否应该继续只支持海军军团使命。我对汇编的数据做了解析、分析，用来开发向国防部长推荐的行动路线。我们使用的“军事决策过程（MDMP）”是为手头有大量员工和时间的公司设计的，因为这需要许多劳动时间。然而，这是一个了不起的工具，让我开发了一个更适合快速商业环境的简化版本。

一旦你选择了你的高价值目标，你会为完成这个目标并集中精力于正确的前进道路，使用PROP过程审视你的选项。这个工具会向你提出以下问题：

- ❑ 你现在**优先考虑的事项**（priorities）是什么？
- ❑ **现实**（realities）形势是怎样的？
- ❑ 你的目标建议你选择什么**选项**（options）？
- ❑ 你将选择哪一条前进**道路**（path）？

2007年，我的企业“美国战术”公司，在情况不明晰的条件下把一个价值500万美元的海豹突击队候选队员训练合同输给了美国黑水公司，我的工作重心完全转移了。既然我的主要商业使命出乎意料地脱轨了，我确定了我最高价值的目标是损失控制（为我那些没有选定目标的员工找到最好的归宿），以及下一步该怎么做。我发现与这些目标有关的优先事项是要确保公平地对待员工，确定是否对决定提出异议，决定是否继续执行与政府签约的业务，还是把重点转移到用户市场。

我在考虑这个形势的时候，认清了几个现实：大猩猩似的超大型黑水公司在签约、资源和经验方面远胜于尚为新手的美国战术公司。与他们正面冲突比对决策对我来说不会有好的结果，即使是我赢了，也会损耗我们以前雇主的信誉，甚至使公司破产。另外，我想照顾我的雇员——所有的海军前特战队员。他们在我为了官僚主义的繁文缛节而努力时不挣一分钱，但是照顾他们并不一定要他们留在美国战术公司；黑水认可他们的经验价值，想要吸收他们。我只有很少的回旋余地来确定我下一步的行动。

在这些现实的基础上，我搞清了完成我的目标——损失控制——的三个选择，这同样能影响我决定下一步的需要：让我的雇员保留非竞争合约，坚持与海军的分歧，在我追求一种全新商业概念的同时，要求为他们放行，让他们在黑水公司找到一个位置；或者留下他们，为他们找到与之合作的新公司。我最终选了第二个选项，这似乎是一个最崇高的决定，因为它对我的员工和未来的英雄们最有利；这也与我的立场一致（特别是："我会在寻求真理、智慧、爱的过程中找到平静和幸福，而不是在寻求刺激、财富、头衔或者名望"）；让我解脱出来，追寻真正想要去开发一种全新的完整训练模式的激情，这是海军海豹突击队候选队员的指导方针还没有完全允许应用的一种模式。

我离开"美国战术"公司和复杂的政府签约环境之后，海豹突击队健身训练的种子从已经形成的空间里生长出来，这个过程促使我做出了正确的决定。其余的选择似乎很保险或者更有利，但是这两类选择都不再符合我的构想了。幸运的是，我重新定位，转向新的目标，我从这个目标开始发展了后海豹突击队，受到历史上伟大的武士传统精神的鼓舞，通过完整的训练促进了个人的转变。

我再次教给你究竟怎样把PROP过程应用到练习部分的使命规划中。

沟通你的使命

> 你得看清样式，了解次序，体验构想。
>
> 迈克尔·E. 格伯，畅销书《创业必经的那些事》作者（1936- ）

如果你不会沟通使命，就得不到支持，更糟糕的是，你可能分不清你的构想和股东构想的差异。这两种因素都是你的使命铠甲中潜在的裂缝。你想要人们——不管他们是潜在的合作伙伴、投资者，还是其它的配角扮演者——清楚地理解你想做什么，为什么要这么做，需要什么资源，以及谁来管理。在海豹突击队中，我学会了用讲故事的方式做这件事。把你的使命构想成一个故事的过程，会形成一幅色彩斑斓的使命计划图像，这让团队和需要知晓内情的其他人很容易理解消化，例如物流合作伙伴（设想成直升飞机和潜水艇），以及高端决策者。不用写着"阿尔法野战排将会在1号和2号车"的枯燥幻灯片，而是展现一幅图画。你马上会看到你就在右前方，驾驶着2号车。然后你看到上面带有一幅图画的目标，一个切入点，甚至可能是周围环境的录像。对于特战队员来说，视觉图像是我们简化过程的关键部分，包括我们怎样达到目标，怎样把它记下来，怎样利用现场信息。在沟通商业使命时，你会讲商业概念、产品以及你所看见展示出的未来。第三即最后一部分创造了一个做好防范的使命计划，它是由一个我称为SMACC（情景、使命、行动、指令、沟通）的程序形成的，我将在练习部分教给你上述全过程。

这是我在科罗纳多啤酒公司项目中做得很好的部分之一（至少包括与我的合作伙伴和其他所有人进行交流）。我雇了一位会作图的设计师，让他把构想的啤酒餐厅从里到外都画出来，甚至设计了折扣券和垫纸板。我把这些图像插入我的使命计划（理解为：商业计划），随处可见有文字描述，让我的构想更贴切。我把报告拿给银行家、家人、朋友和其他任何我能想到有钱为我投资的人。我募集到150万美元，其中80万来自银行。你能想象银行把钱借给一个以前从未管理过餐馆、酿过啤酒甚至开办过企业的人吗？疯了，是不是？这就是视觉讲述的奇效。

海豹突击队为这个程序使用了特定的介绍过程。使命简介是团队领导者向团队和高级领导形象化讲述使命的地方。他们要保证每个人都能清楚地看到自己的角色，包括问题不可避免地发生时情况是怎样的。同样，你必须简要介绍你团队的使命，直到你的队友明白了他们的内外角色。

我们的意识代表了我们脑力的一小部分，而我们的潜意识主宰着其余部分——这部分内容用语言很难表达，但是用感知印象和形象却容易表达出来。如果你把沟通限制到以词语为主的分析性意识，你启发不到任何人。人们不会因为看了我的电子表格或者仅仅因为投资回报而为啤酒厂投资的。他们之所以投资，是因为我的构想对他们来说是真实的：他们想要去那里，度过美好时光；他们想在这个难以置信的，有着漂亮的砖墙，壁炉里木火燃烧，还有黄铜壶的温馨环境里，和朋友一起喝不错的啤酒。

预演你的使命

> 开始做一件事情的方法，应该是停止空谈，马上行动。
>
> 华特·迪士尼，美国企业家，华特·迪士尼公司创始人（1901–1966）

一旦你在视觉上清晰地确定了你的使命，你需要在内心与它重新连接起来。每天早晨你要单独对它进行回顾，然后在每周例会上和你的团队一起回顾。

我们在团队中听完简短介绍后，要出去进行“预演”，这是一种奇特的方式，表示我们的预演要持续到团队在心中赢得使命为止。当联合特别行动指挥处海豹突击队确定了奥萨马·本拉登的位置时，他们并不像电影《凌晨密令》里演的那样，只是跳上直升飞机去抓他那么简单。他们要在脑子里过电影，在一个模拟场所预演，要听取如何做才对以及可能出现何种问题的建议，要构想使命成功的具体细节。因此，当实现真正目标的时刻到来时，进展才如此顺利（对海豹突击队来说只不过是又执行了一次任务）。

在理想状态下，你会想要在预演使命时把心理因素和身体因素都考虑周全。然而，有时候身体预演可能没有意义或者没有机会实现。最起码来说，通过“心理预演”走一遍过程是个好主意，这是你能在心理健身房里进行的另一种类型的形象化构想。在高露洁大学，我有一个很棒的游泳教练鲍勃·班森，他是体育成绩形象化训练的先驱。教练，我们这样称呼他，让我在每天晚上睡觉前想象进行200码的蛙泳比赛，而且同时用秒表计时。这可不是个轻松的任务。我经常想象着跳进水里，游了一圈就打瞌睡了，要么就是我精神溜号，想起我的女朋友了。我几乎想要交出我想象中的泳装了，但是教练鼓励我继续想象。

我坚持训练，三个月后，我正常情况下已经能通过八个想象的长度了。六个月后，我能在心里清楚地完成全部8个比赛长度。我的信心大涨，但是我从来没有检验整个项目，因为我秋季学期要到伦敦学习。当第二年我被邀请参加春季锦标赛时，我已经有好几个月没有参加训练和比赛了，然而我如脱缰野马似的飞下跳台。尽管没有训练，我的蛙泳水平还是达到了一个新层次。触墙时我看了一下时间，令我大为震惊。我用我尽可能做到的最短时间完成了比赛——这与一年前我形象化练习的计时完全一样！

使命预演并不仅仅是为海豹突击队和运动员准备的。例如，律师可以在进入审判席位之前预演与证人之间的问答对话，扮演他们自己的角色和对方律师，以便让证人知道可能会发生什么（律师也可以预知证据的弱点）。然而，我发现这样的练习在商业方面用得不太普遍。一个海豹突击队领导者可以在计划实施前和他们的团队一起预演董事会议、产品发布会和新的行动计划。当你和团队经常与使命联系起来时，当你解决了所有的问题，预测了所有潜在的问题，你对使命的了如指掌会让你在面对实际情况时，就好像又过了一天那么简单。

海豹突击队心智锻炼法3

创建做好防范的使命计划

在这个练习里，你将完成一个与你的业务或者个人生活相关的模拟使命计划——例如，开发一个新产品、服务或者创业、减肥。

第一部分：利用FITS选择目标

利用FITS过程（适宜性、重要性、时间确定、简化）分析你的潜在目标（这些目标都应该是快捷的目标，就像我们在原则五中要讨论的那样），把选择范围缩小到最高价值的目标，这样你就能找出有效的使命计划。你可以使用所提供的指导方针，来评价预选的目标，你也可以对每个类别使用1-5的简单等级评价系统，帮助你确定几个目标当中哪一个是最佳的。后一种方法非常适合作机会分析工具，来为新的业务或者项目的机会评级。

- **适宜性（Fit）** 你考虑的这个目标适合你的团队吗？它是不是最充分地利用了人才、时间和能量？实施这个目标的成本如何，投资回报（ROI）值得努力吗？

- **重要性（Importance）** 这个目标对你更长远的战略使命有多重要？使命的完成对你有什么影响？对你的竞争对手又有何影响？

- **时间确定（Timing）** 追寻这个目标的时间合适吗？你对时机的把握太早还是太晚？你准备好了吗？你能找到并达到目标吗？当你达到目标时，竞争对手会有什么反应？

- **简化（Simplicity）** 这个目标简单明了吗？完成这个目标不会降低你的声誉、未来的能力或者团队的凝聚力吗？

第二部分：支持你的行动（PROP）

用你所选择的高价值目标武装自己，利用PROP系统（优先、现实、选项、路线）开发至少三条行动路线，选择一条清晰的前进路线。

- **优先（Priorities）** 在你的高价值目标中，确定并选出前三个或者前四个保证使命成功的目标。还有没有其它与完成高价值目标有关系的重要项目？

- **现实（Realities）** 搞清楚你现在所处形势的现实，以及它们对你的目标和总任务的影响。这些方面是如何影响满足你优先项目的能力的？

- **选项（Options）** 以你对优先项目的评价和所处形势为基础，开发并评出完成你的高价值目标并最终完成使命的三个选项或者行动路线。你往往最后会将最终计划的两个或者所有三个选项中的元素结合起来。（注意：你可以进行一个培养创造性的练习，就像下面这个，来帮助你支持这个步骤。）
- **路线（Path）** 哪条行动路线最合适？这是你的路线，你会沿着这条路线开发你的计划，在你实现目标成功的路途中完成每一个目标。

第三部分：完成使命（SMACC）

从第二部分确定一个最初的行动路线，并产生一个你用来与别人沟通使命的视觉图像或“故事”。你可以用我称为SMACC的程序架构你的故事：

- **情景（Situation）** 导致行动需要的背景环境是什么？为什么目标在此时此刻适合这个团队？你必须构想和研究每一个细节，以便让每个人都能理解你的使命背景。
- **使命（Mission）** 使命究竟是什么？用SMART术语写一个陈述（确定、可测量、可完成、现实、及时或者有时间限制——更多内容请看原则五）。确保你的使命包括了目标，并使用了在听众心里显现形象的词语。
- **行动（Action）** 你的运作团队要采取什么行动？你的管理和物流支持怎么样？行动是你计划里面最基本的部分。没有一个计划能够在与敌人交锋的过程中一成不变——这意味着现实需要调整——所以要保证出现问题时把可能发生的情况都考虑进去。
- **指挥（Command）** 谁在掌控何时发生了什么事情？这个很重要，因为在执行任务期间，领导角色可能会转移，也要考虑这部分可能发生的情况。
- **沟通（Communication）** 队友之间以及队友和他人之间是如何沟通的？谁会在什么时间框架下沟通什么信息，用何种方法？

使用形象化术语，避免使用专业术语；例如说“像地狱一样黑暗”，而不要说“由于天上只有残月，亮度只有10%”。像我在为科罗纳多啤酒公司寻找投资者那样用图片和视频讲故事。让你的团队在完成任务的每个阶段都做到形象化，并且进行适合该使命的实际和/或心理预演。

想法实验室

给你的使命做好防范，避免其在某种程度上失败，这取决于确保你已经明智地选择了目标。在你可以使用本章的工具评估你的选项之前，你需要了解它们是什么！这些练习基本上是海豹突击队成功之道集思广益的方法，对个人和团队一样有效。例如，当你在考虑选择所追求的目标时，可以先戴上你的“士气官”帽，确保你处于积极、幽默、有创造力的心态。在你的日记中，清楚地写出你的困难，如果可能，画出图像来，以便发掘你潜意识的力量。

现在停止思考。闭上眼睛静坐，定下神来。按照前文中概括的冥想方式，参访你的心理健身房。当你到达那里时，你可以把它当做一个想法实验室，把你的注意力带回到困难或者问题之中，按照你所表达的，观察投影屏幕，等待反应。你会想要记下出现的任何形象，避免你的思绪被打断，比如手头有一个微型录音机，或者当你大声说出来时，让你信任的人替你写下你的想法。你要记住（或者让你的朋友提醒你）不能落回到主动思考解决方法的状态；相反，让你的内心保持空白清晰。记下闯入你意识中的任何事物或者是投射在屏幕上的东西。不管它是一句话、一个完整的想法、一个感觉或者是一个形象。

四五分钟之后，把想法和印象写到便利贴上，你会把它贴到墙上或者板上（或者写到日记里）。现在，回顾你的笔记，看看脑子里会有什么联想或者进一步的想法出现。第一印象往往与标记最接近，不管他们看起来有多么奇怪，所以，不要判断你的想法。任何想法都会出现。

如果你和团队一起做这个练习，指令基本都一样。大声地说出遇到的挑战，这样每个人都在同一个状态，然后让每个参与者参访他们的心理健身房，如果他们不熟悉心理健身房练习，姑且安静坐着。每个人都应该大声说出他们的想法、形象和印象，同时找一个人按照他们描述的在便利贴上记下来。记住，任何事情都会发生，所以在检查结果时，不要判断，不要互相取笑。

THE WAY OF THE

SEAL

原则四
今天做别人不肯做的事情

PRINCIPLE 4 : DO TODAY WHAT OTHERS WON'T

今天做别人不肯做的事情，明天就能做别人不能做的事情。

——斯莫克·嘉姆博·柯丽德

熟悉海豹突击队的人想必都听说过“地狱周”，这是一个极为痛苦的时期，有些人可能把它叫作折磨。训练一天24小时不停，连续六天，教官允许你在这一周总共睡四个小时。你会感觉夜晚冷空气和更冷的海水之间的大部分时间都趋于静止。大多数人在星期日地狱周开始到星期二晚上这段时间就退出了，往往是在天快亮之前的两三个小时里，他们感觉非常脆弱、精疲力尽的时候。然而，快到星期三的时候，你感到非常疲乏，以至于产生幻觉，你的身体发生了一件奇怪的事情。在由于缺少睡眠和身体锻炼导致体力不支的四天以后，身体开始适应了。你开始变得更强壮了。

许多人一生都没有经历过超越自我的感觉和独立于作为成年人存在的这个世界而生存的感觉。海豹突击队解决了如何进行高强度训练的问题，在这一章里，我将帮助你：

- ❏ 找到你的20倍因子
- ❏ 拥抱逆境
- ❏ 建立三个D（纪律、动力、决心，分别代表discipline、drive和determination）

为了成为尽可能最好的自己，你必须任劳任怨地努力工作！那么我们开始吧。

找到你的20倍因子

> **敢作敢为就是丢掉自己的根基。畏缩不前就是失去自我。**
>
> 索伦·齐克果，丹麦哲学家、神学家（1813—1855）

“你们这些人的实际能力至少是你们想象中的20倍。扔掉那些该死的愧疚遗憾，去迎风破浪吧！”当我们无数次跳起来跑回冲浪区时，辛克中尉拿着扩音器大声喊道。这是地狱周的星期二晚上。当我们在训练区挽着手臂时，辛克喊道：“坐下！”我们挽着胳膊坐下了，背朝着海浪，不断被海浪冲击着，身体失控地哆嗦着，我们互相抱在一起，希望有一丝温暖能帮我们度过难关。有人开始唱国歌，这稍稍打起了我们的精神。我把注意力集中在顺利通过这次进化过程（这是海豹突击队在训练活动中使用的术语）。我的思维不能超越这个范围，否则我就不知所措无法继续了。“一个一个来，”我想，“我能做，这是小意思。”

“嗨，糟透了！”我的游泳伙伴斯旺森咬着牙说。

“深呼吸，想象你自己在夏威夷的海滩上。”我打趣说。我就是这么做的，这确实让我感觉好点儿了，即使是我在跟自己开玩笑。

我和斯旺森成功地度过了夜晚，但是全班又损失了10名受训者。到星期三时，在只剩下最后两天时，我们只剩下30个人了。虽然我疲惫不堪，睡眠不足，渴望休息，但我开始注意到我的身体变得强壮起来。可能我真的比自己想象的强大20倍。我的局限性在哪里？我在想。直到今天我还在想，我不断地超越自己的期望，看到成千上万人和我一样。

海豹突击队不是第一个发现“20倍因子”的勇士团队。古式的瑜伽是为勇士参战做准备，瑜伽要求塔帕斯，译为“巨大的努力。”这个努力是在长期、严格、每天持续几小时的训练中提出的，经过极为艰难的考验，花几年时间才得以完善。瑜伽训练还把艰难的呼吸练习和长时间的冥想整合起来，以便克服弱点，使思维敏捷。古代斯巴达人采用的斯巴达教育，是一种针对年轻勇士非常残酷的训练计划，用来磨练精神和身体的韧性。东方武术，例如，少林寺武僧的武术、忍术和阿帕奇侦察兵之类的土著勇士也都拥有20倍因子。

你可能会认为，科学进步和物质财富的增长意味着我们不必去忍受那些勇士经受的挑战。这种说法忽视了问题的关键——艰苦的努力磨练性格，现在也是这样，而舒适的生活只能削弱它。舒适的生活把我们囚禁在对痛苦的一种低级恐惧中。我们生来就厌恶让我们痛苦的东西，不理解这种情况会在多大程度上削弱我们，让我们不能最大程度地体验生活。我们必须确定我们的舒适带，然后赶快离开这个地方！20倍因子完全是一种我们拥抱巨大努力的个人文化。

你可以通过经历更少的身体挑战或非身体挑战来体验成长。尝试一下瑜伽的挑战，每天上一节课，一共60天。如果你有更多的时间，可以旅行到一个未知的文化里，让自己沉浸在里面，不说母语，或者追求那种你延迟了的高级状态。更冒险一些，你还可以尝试从一架正常运行的飞机上跳下来或者训练障碍赛跑。这些并不是要求你做专业运动员；而是设法中断你消极行为的周期，培养你的意志力。通过这样的努力，你将穿越20倍因子的门槛，把你带到个人力量的全新水平。

迎接新的挑战可能挺可怕，你的恐惧会对你产生妨碍。我曾经带着一队行政主管踏上一次去往新墨西哥州的挑战之旅。在当天的最后一个阶段，我们沿着100英尺（约30.48米）的悬崖顺绳索下降，下面就是格兰德河，我发现有一个行政主管极度恐高。“艾德，集中注意力呼吸，一次移动一步。”我告诉他。他半信半疑地沿着岩石表面下降，然后非常恐慌，头朝下弹了起来。虽然他没有真正处于险境，但是他被恐惧压倒了，开始大喊救命。想要不去营救他需要极度地自我克制，但是我知道，他从这个情境中唯一应该学会的是自己纠正错误。

我对艾德喊道："停止叫喊！集中注意力控制住你自己。深呼吸，闭上眼睛。"我的话把他震住了，让他进入全神贯注的状态。他按照我的指令做，开始重新控制自己。"现在抓住绳子，脚蹬住石壁，用力蹬开。"我从下面指挥着他，祈祷他能保持冷静，让他避免受到不必要的伤害。我在训练过程中从来没感到这么孤立无援，如果出了什么问题，我明白这对于我的事业风险。如果这个练习使艾德受伤——即使是他自己所为——也会毁掉我的声誉。他甚至可能会控告我。幸运的是，我成功地帮助艾德认识到他是自己命运的主人；他最后遵循我的指令，轻松地纠正了自己的错误。在剩下的路线中，我把他放了下来，给了他一个大大的拥抱。

艾德到了地面上，看到自己还活着感到很高兴，他非常兴奋，但是仍然处于轻微的震惊之中。我理解，他的接受能力很强，我让他理解了20倍因子的挑战课程，并表扬了他面对恐惧、掌控局面、实现突破的努力。后来，在晚餐庆祝会上，我们都为他的成功向他表示祝贺。之后我再也没看到艾德，但是一年以后，我跟踪随访那个雇用我做这个工作的团队领导，他告诉我艾德减掉了许多体重，体型变得更好了，工作更有信心了。他的老板还给他升了职。他的故事，那个险些掉进格兰德河的行政主管的故事，现在成了公司的传奇。他发现了自己的20倍因子，改写了有恐高症行政主管的故事。

没有出路，你只能在情景之中

你在别人的剧中，是个多余的人物吗？你是自己戏剧的作者吗？你当下意识的现实来自你主观故事的交集，这确定了你的自我意识和客观现实，影响了你的行为。你想要你的主观故事得到目标和强势价值观的支持，你想要正直和巨大的个人潜能。为了确保你实现所有的一切，你必须是自己故事的作者和主角，把你经历的客观现实中发生的事件作为成长和联系的机遇。

然而，太多的人屈从于有缺陷却很流行的信仰传达的不充分的内在故事。我们对客观事件很保守，容易受到变化风潮的打击。流行文化、每天我们与之打交道的人们以及外部事件构成和强化了这个主观现实。在这些例子中，我们最终成了别人故事里多余的人物，通过生活反应我们的方式，缺少正直，失去平衡。

我经常遇到一些人，按照社会的标准，他们看起来很顺利，很成功，但是缺失了某些东西，并乐于从内在方面加以充实。例如，虽然乔在业内表现杰出，长相潇洒，非常友好，但是却遭受着破碎的内心中自我意识的痛苦，这为他的个人生活带来了许多焦虑。当我见到他时，他正在脱离一系列令人不满、肤浅的人际关系。他最满意的是他对业务的掌握，他能很快把谈话引到业务方向，但这使得与他真正实现沟通变得很困难。

当乔最初加入我的训练中心时，他跟我分享了他经历的创伤——小时候受到酗酒妈妈的情感虐待。这使他感到不安，没有成就感，他希望尽快把那段经历忘掉。乔做了几百个小时的个人发展练习和治疗，但在54岁时，他仍然在寻找更有价值和完整的感觉。有一天，乔看到一个科科罗训练营，这是海豹突击队健身训练的50小时平民地狱周训练活动，他的心里产生了波动——他告诉我他想让我给他指导，带他去绝壁体验这个严酷的经历——但是他马上又提出了他不能做的理由。

我想，乔在内心深处理解用这种方式挑战自己和超越智力去面对信仰的需要，但是他不确定他为什么要这么做，也不确定他更大的目标或者说他"存在的理由"。重提他最了解的事情，他最初接触我时，就表示要加入这个项目，把他的进步过程拍摄成短片，用他的经历制作出一款产品。我很清楚，他需要为了深刻的转变而努力，而不是为了商业目的，因此我说不同意。然后他问我是否认为他具备了进入海豹突击队健身训练（我们的三周项目，许多人认为是科科罗训练营的增强性练习）和科科罗训练营的条件，“乔，只有你自己知道！”我回答。最后，他问参加这个项目最大的好处是什么。我说：“乔，你真正的自我在你的内心。你可以在一生中继续你获得的经历，也可以写一个新故事。如果你敢做，你会第一次真正遇见你自己。”

他接受了挑战，结束了三周的海豹突击队健身训练的奥德赛，包括在科科罗训练营50个小时的不停顿训练。这次训练彻底改变了他。我和员工让他接受了身体、精神和情感方面的挑战，包括消耗体能的训练、团队挑战（例如“圆木锻炼”，要求5个人把350磅重的圆木举过头顶）和长时间的冥想。训练从每天早晨六点开始，一直到晚八点结束。通过使用本书中的全套训练，把他带离舒适带，我们强迫他面对在内心根深蒂固的信仰和他的潜意识计划。乔很快意识到他能够安全地抛弃许多使他的心理和情感混乱的垃圾，例如在童年时期控制其自尊的错误信仰系统。发现20倍因子不仅消除了他的恐惧——害怕其他人不愿意接受真正的乔，而且还打开了通往心理和情感资源的大门，他甚至不知道他拥有这些资源。

乔在完成科科罗训练营活动后坚持和我们一起训练，我们热烈欢迎他成为我们的新队友。他现在把自己看得更清楚了，并允许自己的恋爱关系中有更多的乐趣和亲密感，努力前进不只是单纯关注业务和财富积累的层面。有趣的是，他的突破使他的生意显著地增长。他发现他能更准确地把注意力集中到最好地为客户服务上面，从而促使他的生意重新定位，帮助房地产专业人士变得更健康、更幸福，同时为他们提供专业优化工具。就个人成就而言，他已经开始在精神心理学方面追求更高的学位，这是一个激发他使命的课程。“我最后找到了我的声音。”他告诉我，这帮助了他在一本自助出版的书《激情的勇士》中记录他的转变。

大多数人都厌恶极端性质的挑战，鉴于我们已经习惯了社会给予我们的舒适和财富，这是可以理解的。就像乔要告诉你的那样，这是个巨大的错误。

满足、激动、喜悦和其他方面的关键在于挑战的另一面。工业时代带来物质繁荣，消除了许多生活赋予的自然挑战——但是，它也能带来肥胖、身体不佳、漫无目的的存在和普遍令人担忧的大量人口不受控制导致的忧虑。实现平衡要求我们有新的故事和思维模式。我并没有提议我们都变成斯巴达人或者海军海豹突击队员；相反，我提议我们超越现状，创造新的文化故事，打破“容易就是好，难就是糟糕”的神话。“难”的标准出现在一系列的情景当中，因人而异——关键是要突破你的局限性，认识到这种巨大的努力对于真正的幸福是积极而且必要的。

拥抱逆境

> **我就是一个普通人，但是说老实话，我比普通人更努力。**
>
> 温斯顿·丘吉尔，英国首相（1874-1965）

海豹突击队教官经常说：“痛苦是离开身体的弱点。”下面有个鼓舞人心的隐喻描述了让人着迷的炼金术：不管是在战场、操场或者在人生中的训练过程中，训练引发的痛苦都会变为信心。团队在训练困难期使用的另一种著名说法是“坚持住！”因此，像我在地狱周期间做的那样，你可以“拥抱逆境”，克服暂时的痛苦，培养一种“我能做”的态度，投入到艰苦的任务中，没有动摇和喊叫。你不必是超人，不论男女，只需要比普通人更能忍受痛苦。

不管我们在谈论精神还是身体上的努力，拥抱逆境的第一步是加快脚步，直面痛苦的恐惧。我们共享这种恐惧，它来自对确定性和安全性的一种根深蒂固的需要。痛苦是你的身体告诉你安全受到威胁的方式，因为出问题了。然而，当你一直在经历有意把自己置身于逆境的个人成长环境时，例如艰苦的锻炼，你开始拥抱暂时的痛苦，旨在获得它带来的回报。当你拥抱逆境时，恐惧慢慢被忘却。每当BUDS教官敦促我超越我认为自己能做的限度，起初，痛苦会导致一阵惊恐，我就把这种恐惧感转化为全神贯注的决心。当我的身心都重新获得平衡之后（我注意到我没有气馁），这个经历让我更强大、更明智了。痛苦除了害怕本身没有什么可怕的。我在海豹突击队期间这种情况经常发生，此后，这变成了一种习惯。

理解积极痛苦和消极痛苦之间的区别很重要，这样你才能了解什么时候去迎接它，什么时候避开。我的一个指导老师，阿斯汤加瑜伽的权威人士蒂姆·米勒喜欢把积极痛苦叫作"整合式痛苦"，消极痛苦叫作"分裂式痛苦"。好的痛苦——不管是身体的还是情感的——都与成长有关，它会让你变得更强大。例如，想一下锻炼导致的痛苦，即为了保持你对目标的"前瞻专注力"做出艰难抉择的那种痛苦。而不好的痛苦，则是在身体上或者情感上伤害你，以及和伤害或者遗憾有关的痛苦，在前进的道路上阻拦你或者使你停滞不前的痛苦。

事实上，我们倾向于规避各种形式的痛苦，不管是好的还是不好的。我鼓励你继续避开分裂式痛苦。然而，整合式痛苦对你是有好处的——你必须学会投入这种痛苦。在现实中，整合式痛苦的深度和持续时间可以在精神上得到控制。通过承认你从整合式痛苦中得到的痛苦，作为长远目标的价值接受它的价值，你会发现这个过程变得很容易，直到它把你磨练成这种类型的人，你最终会喜欢这种痛苦。如果你仔细琢磨这种痛苦，它会变得更强烈，持续的时间更长，使你退却，并在将来避开它。实现这种结果的秘诀是，承认痛苦，然后马上集中注意力想别的事情，例如它能带来的正面意义。痛苦会在数量上和持续时间上很快减少，把你解脱出来，让你继续变成你最喜欢的那个人，过上你最向往的那种生活。

把精力集中在积极的事情上

在任何痛苦的情况下，拥抱逆境的简单方法是马上集中精力想其他有积极意义的事情来改变你的状态……然后微笑，甚至大笑。这个方法在海豹突击队训练过程中创造了奇迹。我最有趣、最喜欢的记忆都是关于最艰难的事情的。因为我露出了幸福的笑脸，在一些奇怪的时刻发现幽默，痛苦消失了，被增长的信心和勇气取而代之。例如，在地狱周的星期四，有一个教官在我和另一个学员开玩笑时抓住了我。他毅然决然地想在此时此地击垮我。“迪万，快他妈过来！”他狂叫着，冰冷的面容足以把怀基基的海水温度降下来。我走到“魔鬼教官”跟前，立正站着，等待着对我的宣判。“我要让你退出，在你走之前我是不会走的。”他冷笑着说。我回敬了他一个微笑，他肯定不喜欢，反而笑得更得意了。“咱们先做1008个健身操吧。”

“好吧，”我想，“是该俯下身体了。为了让我退出，他得设法整垮我，所以在我没垮掉之前我最好先做完这些动作。”我开始做操练了（这是一种全身运动，先蹲下，跳到一块木板上，然后双腿叉开往后跳，最后往前跳，恢复站姿），每8步计一次数，记下重复次数。在50次以后，我的速度加快了——我一直很清醒，从星期天下午就开始夜以继日地练习，几乎连续做了5天！等做到500次的时候，我有些麻木了，但是仍然在运动。在第700次的时候，我的身体和精神都枯竭了，就像我在进行黑带测试时，我意识到该拿出特殊武器，超越身体的极限了。在这种情况下，我需要在此刻找到一些幽默因素，让情况变得积极，于是我开始大笑，好像我听到了最可笑的笑话。魔鬼教官重新把注意力转向我，用奇怪的表情看着我。我一直在活动，一直在笑，装作在表演我自己的喜剧。我很快感到情况完全好转，好像能量的开关已经打开，涌遍我的全身。我看着魔鬼教官的眼睛说，“今天很轻松，挺有趣的。”

他朝我微笑着，这次是真正的微笑，他说，“回到班里吧，迪万。做得好。”我后来才意识到，表现内心的力量是他整个训练过程的关键。他把我视为班里最优秀的军官之一，但还需要看看我是否能通过他选拔我做相当于1000个立卧撑的锻炼量，尤其是当我想到在完成了那些动作之后还有更多的挑战。当他看到我能找到快乐的根源，用幽默拥抱逆境，他给了我一张“出狱”卡。

海豹突击队训练方法

——把痛苦变成积极因素——

当你迎接下一个挑战时，不管是每天的挑战，还是一个巨大的努力，把注意力转移到积极的、美好的、甚至能使你大笑的事情上，拥抱此刻的挑战。掌控你的故事，用积极的自我谈话强化你的态度转变。把此刻的痛苦与你的目的和目标联系起来，在内心深处，知道你在螺旋式上升，通向成功之路。

在一个团队背景下，采取下一步，使用这些工具帮助你的队友度过挑战时刻。如果谁有痛苦的表情或者是表示不舒服，鼓励那个人微笑。起初，这可能不令人信服，但是，坚持做下去以后，不久他就会感觉到积极的心理和生理效果。帮助别人变得强大也会使你自己强大起来，这个方法极为奏效，你也可以发现自己能通过控制面部表情和言语表达来改变你的故事。你甚至会发现形势真的变得幽默有趣了。

迎接挑战

如果你躲避挑战，它还是会到来，而且会给你带来严重而痛苦的教训，这是我们人类极佳生存条件的独特且看似不公平之处。你越想躲避，想通过财富的圈套、情感的盔甲或者酒精之类的麻醉剂来麻醉自己，挑战就变得越艰难。我建议你把自己投入挑战，而不是等待它的到来，用可控的方式消除你的脆弱。

虽然我在本章把大部分精力都集中在身体方面的挑战，但是这对任何有组织的挑战都会奏效。如果身体的挑战让你感到恐惧，仔细找找原因。不要太轻易让自己摆脱困境。为了练出你“拥抱逆境”的能力，即今天做别人不肯做的事情的关键，你必须向你自己发起挑战。我不是说为工作设定目标而挑战你自己，而是我建议你追求看似难以达到的目标。动员你的团队加入你的行列是培养责任心和动力的好办法。

当你读到下面的内容时，我听到的都是“是的，但是”和“要是……怎么办”：

- “是的，但是我没有时间，不适合干那个。”
- “我要是受伤了怎么办？”
- “是的，但你是海军海豹突击队员……你说得容易。”

这些都只是借口。记住，对你来说困难，对别人可能很容易——关键是想出对你来说什么是“更好的挑战”，然后去追寻它！迎接大的挑战有阻力是很正常的；和阻力作斗争是海豹突击队成功之道。对你来说，这可能意味着休一次很短的假，和儿子或者女儿一起到阿巴拉契亚山道远足，也可能意味着为参加斯巴达比赛和你的工作团队进行训练。一个朋友告诉我她认识一位母亲，她和自己十几岁的儿子相处很不愉快。儿子走上了邪路，吸毒，被学校开除。她尝试给他治疗，但是不起作用，作为单身母亲的她尽其全力解决儿子的问题，同时还要满足谋生的需要。在尝试许多传统的解决方法都失败后，她决定用更激进的办法——和他一起驾船环游世界。虽然儿子大声抗议，她还是把连踢带叫的儿子拖上了船，他们一起在大海上航行了一年。挑战和冒险改变了他们的生活，给他们俩都展现了20倍因子的新世界，把母子俩用一种始料未及的方式联系在了一起。

有组织的挑战有三种形式。第一种挑战需要有持久的长期努力。这包括诸如每周做5次瑜伽练习的长期承诺，在武术训练中拿到黑带或者掌握任何有挑战性的技能。虽然达到高级水平也在这个范畴之内，但是最有价值的挑战一般都具有身体、心理、情感、直觉和精神方面的成分。

第二种是能够测量能力的挑战。在商界有一种说法，即不测量，则不真。测量标准是一个里程碑式的量度，你可以用其来记录和庆祝你的使命中较大场景里获得的小胜利，这是培养你的能力，拥抱逆境非常好的技巧。在进行混合健身比赛训练时，我每个月都用标准锻炼法测量我的进步程度，以便跟踪我的优势、技能和工作能力。测量技能能够让你集中注意力，建立信心，消除怀疑：当你到了“重要的日子”时，你已经知道你很了不起，能击败对手。

测量标准的概念闻名于商界。作为Inasoft软件公司的临时首席执行官，我的使命是给公司从起步阶段到风险资本融资的成长中的公司构想架起一座桥梁。我卖掉科罗纳多啤酒公司的股份之后，担任了这个新的角色，决心把我的前瞻专注力集中在我的使命上，以便能建立一系列清晰的目标，这些目标也是测量我能力的标准：

1. 确保与5家主要公司进行软件的测试，接受他们的认可。

2. 与20个私人投资者和当地商业伙伴合作。

3. 完成耗费精力的南加州理工大学海岸天使融资过程。

4. 从硅谷风险资本家手里获取资金。

到我们完成第三个目标的时候，我们培养了吸引大笔风险资本的可信度、信心和动力，数额达到400万美元。这个概念对于测量你的个人发展同样有效。如果你不跟踪你的进步，又怎么能知道自己在正确的道路上，甚至在成长呢？你能为你的身体发展、意志力和精神力量设定什么样的标准？

第三个有组织的挑战类型是严酷的经历，例如科科罗训练营、类似于驾船环游世界的远征或者爬山。这些事情并不经常发生，但是你可以用不断的努力做准备。我的许多同事每个季度会参与一个较小的挑战，例如障碍赛或者远足。然后他们每18个月左右会计划一次较大的挑战活动。

所有这三种类型的挑战都会磨练精神和情感的适应力，培养信心，减少对痛苦的恐惧感。这些都会促进你实现螺旋式向上发展，支持你拥抱逆境，进而提高你今天做别人不肯做的事情的能力，也会增加你人生中可能发生的有力量的新经历。

坚定纪律、驱动力和决心

> 我们是自己反复做的事情的表达。那么，优秀不是行为，而是一种习惯。
>
> 亚里士多德，希腊哲学家、科学家和教育家（公元前384–公元前322）

6英尺2英寸高（约1.88米），220磅重（约99.79公斤），把大戴夫描述为“健康”会不太合适，但作为人类或正义的代表也不恰当。作为一位前饱和潜水员和举重运动员，他每天需要进行两次力量训练，以释放他平常屈身练习带来的痛苦。那么戴夫给我们印象最深的是什么？他的性格。一天，当我们在海豹突击队三队准备潜水装备时，我问他为什么这么喜欢潜水。

“我爱潜水，但也是潜水把我塑造成了这种人，”他说，“潜水需要丝毫不差地全神贯注；出一点儿差错，你就完蛋了。你得严格执行详细的计划和准备。但是你还必须被迫去看新世界，探索新技术，要有决心比别人工作更长时间和付出更多的努力。”两年以后，戴夫在圣地亚哥海岸执行10个小时的潜水任务时心脏衰竭，离开了这个世界，但是他树立的榜样，追求卓越的习惯，仍然在我心中回荡。

养成追求卓越的习惯

我们的习惯是在不太经常发生大的行动期间，每天、每时每刻的一些小行动。虽然许多这些行动并不一定是坏习惯，但是它们可能也不是“卓越的习惯”。如果你想在所选的领域里表现为最顶尖的0.1%，你必须利用你的前瞻专注力工具箱，迎接挑战，把卓越养成一种习惯。

当卓越成为习惯时，最好的办法不是集中注意力消除那些讨厌的行为，而是用新的习惯代替它们，将旧习惯淹没。这就像用锻炼之类的健康习惯替代像吸烟这样的坏习惯，是正确的选择，那么用迎接挑战这样更有用的习惯代替懒惰之类的性格习惯也是没错的。我们的习惯决定了我们的形象：可靠的性格习惯决定了值得信赖的性格。我希望你把注意力集中在培养守纪律、有动力、果敢坚毅的性格习惯。

我们都是通过学习、训练和自我掌控的严格方式成长的，但是我们可以通过有激情的动力和全神贯注于目标的方式，迎接艰难的挑战，在前景变得深不可测时从不退却，变得更加强大。除此之外，可能最重要的是，我们的成长最主要是通过冷静的决定和持之以恒的毅力，这两点在“今天做别人不肯做的事情”的承诺中得以体现。

纪律

纪律是点燃习惯之火的火花。那些火花需要每天点燃，纪律提供原始能量。纪律一词的字面意思是做一个更高目标的追随者。遵守纪律，每天努力训练意味着你成为一个追随者——不是追随训练本身，不仅仅是看起来气色不错或者追寻自我，而是作为一个人和领导者全面发展你自己的更高目标。回到本章开头部分，纪律是从训练大脑，抛弃苦恼，迎接挑战开始的。

这种纪律不是一朝一夕就能建立或者获得的，而是从婴儿学步就开始了。致力于训练养生法是第一步。通过每天都让你自己有额外进步的方式更上一层楼。不只是到场做“分内之事”，你应该学会一切，包括你能学到的团队里或办公室里别人所做的事情，业内的人所扮演的其它角色，以及事情是如何运作的。提问题，寻找学习机会，例如训练，甚至闲聊，广泛地阅读。你不知道的事情，要想办法搞清楚。如果你只知道一点，努力再多学一点。永远不要躺在功劳簿上。记住，当非比寻常的努力成为一种习惯，你就会收获非同一般的成果。

驱动力

纪律能激活一种习惯，而驱动力是你行动背后的动机。追求潜水领域卓越的炽烈激情促使大戴夫改进海豹突击队的潜水项目。我的愿望是完成我的目标，做一个启发他人灵感的人，促进个人和团队整体的转变，这个愿望推动我把这些故事和实践与大家分享。驱动力是由愿望、信仰和我们能通过努力完成非凡成就的期望所促成的。驱动力需要纪律的支撑，因为当我们全力以赴地在更深层次追求目标时，驱动力会变得更加强大。

我们怎么培养驱动力？首先，要把你的主要生活兴趣与目标联系起来，围绕目标确定使命。例如，正如我刚刚提到的，把我的训练观和实践分享给别人，就直接与我的目标联系起来：在这个过程中，通过我的例子和教学，促进个人和团队整体的转变，启迪他人。驱动力有助于你保持前瞻专注力，并让你在追求使命成功时不断朝着下一个目标前进。每天写日记是个好办法，它能确保你在前进途中做决定时，你的目标始终在你心里的最前方。“这个行动让我离目标更近还是更远了？”这是一个非常值得思考的好问题。

如果把注意力集中在让人充满激情和有价值的目标上，驱动力就提供了能够持续一生的能量源。但是要当心，因为驱动力可能会有阴暗的一面。当你单纯被“自我”的理由所驱动，并把决心和固执混为一谈，你就很容易在人生中忽视“我们”，留下你的同事、家人或者其它团队迷茫地猜想他们以前认识的那个好人发生了什么。这种驱动力可能会让你非常努力地工作，以至于你从来不花时间和孩子们在一起，或者抢占了项目成功的全部功劳。赋予精英队员力量的那种驱动力是“我加我们”的驱动力。这意味着你被驱使成长，以一种对你自己和团队都有利的方式学习新东西，而这种方式由于组织的需要得到了平衡。大戴夫受到卓越的潜水使命的驱动，但是他理解，如果团队不受益，爱的付出就没有意义。受他的驱动力的驱使，海豹突击队获得了水下使命新程序。他开拓导航技术的改进，通过测试尖端技术挑战极限，通常是实验潜水平台和其他设备，所有这些都帮助海豹突击队更圆满地完成了海上使命。他没有就此停滞不前，他为海豹突击队开发了三周的训练课程，掌握水下航行和舰船攻击技术，这是海豹突击队今天在面对潜水战斗任务时仍然使用的一个项目。

决心

如果驱动力是让你保持动力的燃料，决心就是对使命的长久坚持。大戴夫每天晚上总是最后一个离开突击队训练区。当其他所有人都完成了一天的工作，这个坚定的人总要多呆一个小时，磨练技能、研究装备、学习新东西。世界级的表演者并不总是天生就擅长自己技艺的人，然而，他们最努力，有决心在他们所做的行业内成为最好的典范。他们是今天做别人不肯做的事情的人。

海豹突击队心智锻炼法4

来一次超越极限的挑战！

快让挑战到来吧。不管你是在应对像跑马拉松之类的身体挑战，还是进行一次艰难谈话的情感挑战，你必须仔细考虑使用的方法。我建议通过每周进行一次小规模的挑战来超越极限——这可能有点像拒绝新的责任，或是给你的日常锻炼再加五分钟。然后选择每个月或者每个季度进行一次更艰难和筹划更周密的挑战，例如一整天的远足，或者做一次让你感到不舒服的静修（考虑做一次静默的或者建立人际关系的静修，每一次静修对我们许多人来说都可能是恐惧！）。最后，每年至少选择一次恰当的挑战去应对，作为漂亮的收官之战。

发现你的20倍因子

下面是有关第一个20倍挑战给你的一些建议。这些任务似乎很难完成——这是关键！然而，你可以根据你的喜好程度对其分级。典型的免责声明适用于这里——不要做任何事情都三缄其口，先问问你的医生。你可以在SEALFIT网站里找到20倍挑战的其他建议，或者提出自己的挑战。

比较艰难的身体挑战：如果你觉得自己的身体确实挺健康，可以提出高一点的目标，例如尝试攀登珠穆朗玛峰，加入海豹突击队健身训练学院或者科科罗训练营，骑自行车环游全国，穿越阿巴拉契亚山道，或者参加博尔德户外生存学校。在家里，在规定时间内做1000个俯卧撑或者引体向上（不要忘了过一段时间重复这个练习时测量你进步的程度）。

难度稍小的身体挑战：参加锻炼耐力或者极限的体育活动。初级到中级运动员可以参加热瑜伽挑战，加入一个混合健身训练健身房，参加当地马拉松赛跑，或者认真学习我们的在线海豹突击队健身训练和战无不胜大脑项目。在家里，尝试1英里的箭步运动。

大型非体力挑战：志愿参加教堂活动，或者像红十字会、联邦应急事物管理局、无国界医生的旅行服务。找到一种与残疾老兵合作的锻炼方式——海豹突击队健身训练项目最近发起了一次12小时的挑战，让首席执行官与最近残疾的战士结对。这次活动是设想为老兵服务的，结果证明它是一次强有力的改变人生的经历，也是一次为首席执行官和我的员工服务的活动。你可能会遇到一些人，他们离开家园到中国教英语……你为什么不去呢？或者报名参加一次周末活动，做一些让你感到非常不舒服的活动。还有许多机会就在那里，它们会打破你的常规，帮助你成长。

THE WAY OF THE

SEAL

原则五
磨练意志力

PRINCIPLE 5 : FORGE MENTAL TOUGHNESS

成功似乎就是在别人已经放弃的时候，你还在坚持。

——威廉·费瑟，美国作家、出版人（1889–1981）

为了使追求卓越成为一种习惯，你需要在倾力完成每一个使命的过程中走过一段漫长的道路，使你能达到目标，过上更加幸福、更有成就、更有意义的生活。但是，在别人都放弃的时候你怎样继续坚持呢？你怎样才能“不放弃”？这是一个价值百万美元的问题——向我提问的每个人都想要一个高招。对不起，没有高招。你只有在通过人生挑战或者在本书中与你分享的训练中经历血与火的考验，才能获得永不放弃的精神。

有趣的是，最优秀的运动员不一定就能在BUDS训练中获得成功。当心理学家研究什么样的人能通过海豹突击队训练时，他们一直认为是那些最有“毅力”的人。我想到了约翰·韦恩在其最佳西部影片中饰演的杜克。那些有毅力的人最早进入，最后退出，最努力的那些人，经历千辛万苦，却面带微笑。用海豹突击队的话说，“毅力”意味着意志力。但是怎样训练才能磨练毅力呢？

我给海豹突击队健身训练的学员们提供的第一套练习之一是摆出做俯卧撑的姿势，保持这个姿势45分钟。当然，他们当中的大多数人坚持5分钟之后就失败了，但是我们让他们一遍又一遍地重来，用磨练意志力的策略刺激他们。最后，他们自己都感到惊讶，竟然成功地通过了挑战。通过让学员们挑战他们认为永远达不到的目标，他们就明白了自己的身体极限实际上是由心理极限决定的。当我指导他们完成第一个20倍挑战时，我调用了五个基本技能，他们将在整个学院训练期间和一生中都要用到这些技能。现在，海豹突击队讲授其中的四个技能（兴奋度控制、注意力控制、有效目标设定、形象化）作为意志力训练的“四大内容”。我在这些混合技能中又增加了一个技能，这些技能使我们的情感影响我们的内在力量——这是一个经常被忽视，但在我们磨练毅力的能力过程中是很关键的因素。因此，海豹突击队成功之道磨练意志力的五个技能是：

- ❑ 控制你的反应
- ❑ 控制你的注意力
- ❑ 培养情绪弹性
- ❑ 设定有效目标
- ❑ 利用强大的形象化设想

控制你的反应

> 勇气是压力下的优雅姿态。
>
> 欧内斯特·海明威，美国作家、记者（1899–1961）

海豹突击队把控制你的反应叫作兴奋度控制，但是它并不是你想的那样：在团队里，我们学会使用呼吸作为抑制生理兴奋感的方法，或者使用“战斗、飞翔或冻结”的反应口号（以前称为“战斗或飞翔”）。呼吸是沟通将我们带入反应模式的交感神经系统与把我们带回到平静的平衡状态的副交感神经系统之间的桥梁。当交感神经系统被触发时，它将诸如皮质醇、肾上腺素、去甲肾上腺素等荷尔蒙注入血管，导致即刻的身体和生理变化，这种变化使身体准备好进行大量的应对厄运的行动。然而，如果没有任意重新平衡这些系统的技能，尤其是在“厄运”比真正的威胁更隐晦的情况下，这种能力就变成了一种责任。

你对在这种时刻能幸存下来的即刻无意识反应，不管是直接的还是隐晦的，都可能发出“惊讶”的气息，接着还会发出好几声。深呼吸通常是对压力的关闭反应，但是这对于主动保持注意力也是很有用的，正像我们在原则二中学到的。几百年来勇士们都知道这个道理，把呼吸练习作为他们训练的核心——战斗中或者营救行动中保持冷静的能力为勇敢行为创造了必要的条件。女性从生物进化的角度理解这种行为，她们在生产时会自动进入深呼吸状态（这是一种更严谨的方法，这种自然反应构成了心理助产法的组成部分）。

呼吸练习是一门艺术，在西方大部分地方都已失传，虽然还能找到几个立足点。研究显示，现在大多数人只使用总肺活量中的一小部分，把大量的能量都浪费掉了。人们在兴奋状态和日常状态都属于这种情况。我们已经探索了横膈膜呼吸在多大程度上能帮助你冷静下来，帮助你为前瞻专注力做好心理准备。但是有时候尽管我们尽了全力，我们的呼吸仍然太浅。尤其是在混乱状态或者非常具有挑战性的情况下，兴奋度控制感觉好像是给飞驰下坡的火车减速，并且假设我们记住了首先要深呼吸。为了训练兴奋度控制，把深呼吸变成本能反应，我讲授了一种系统的方法，我称之为“箱呼吸”。

给你的日常训练计划增加箱呼吸练习（见本章结尾）会让你藐视统计数据，获得丰厚的回报。如果每天都练习箱呼吸，这样每呼吸一口气都能给血液带进氧气，确保以最佳状态给你的工作补充能量，同时还能排除肺部和体内器官的废弃物质。所有的深呼吸练习都能平复情绪，集中精力。

海豹突击队训练方法

—— 认清压力症状 ——

在你学会控制压力反应之前，你必须学会认识压力。交感神经系统过度活动的症状包括：

- 心跳和呼吸加快、血压升高
- 胃部不适（胃部颤抖、反胃）
- 身体出汗增多、手心出汗
- 头晕
- 听域、视野变窄
- 睡眠不规律

回想一下你因为某事感到有压力的情景。你有这些症状吗？每当你面对挑战和威胁时，开始注意你的身体反应。当你在一般情况下感觉到很好时，你可能还会注意到一个或更多的症状——如果是，审视一下自己，看看有没有其它症状。或许你感到的压力比你想象的还要大。

控制你的注意力

> 一个人可以只通过改变态度就能改变他的未来，
> 这是有史以来最伟大的发现。
> 奥普拉·温弗瑞，美国媒体名人、女演员（1954- ）

注意力控制是海豹突击队的一种积极的自我交谈。注意力控制最简单的方式是通过积极的自我交谈，把注意力从消极状态转移到积极状态。这是练习心理控制指引过程的积极应用，你在原则二中已经学到，但是在这种情况下，我们使用它是为了在危机或者挑战性的情景中集中注意力。

外层意识的本质是接受信息的输入，通过我们的故事过滤器处理输入信息，然后赋予意义。如果流经大脑太多的信息是消极的，就会出现问题：意识会思考消极的事情，并为之困扰。听起来很熟悉吗？众所周知，我们专注去想的事情往往会变为现实，即使是你集中注意力考虑的是不想要的东西。消极信息的输入会在你的潜意识里播下破坏的种子，然后与你谋取失败的意识成为同伙。

积极的自我交谈艺术只是关注你的内心对话，并将对话指向正面、有成效的语言。大多数人都没有花时间坐下来观察自己的想法，而这恰恰是认识到我们的想法与我们是谁并不一致的必要步骤。它们并不控制我们。它们只是想法。它们拥有的唯一的力量是我们赋予的——是我们培养了它们。一旦你和你的想法之间形成了精神距离，你就可以开始控制并管理它们了。这个直接的过程会帮助你完成这些任务，但是有点不合时宜。所以当我需要迅速转移我的的注意力时，我用了另一个最喜欢的工具。

美国本土传奇故事“心中的狼”讲述了一只邪恶的狼和一只善良的狼的故事，这两只狼驻留在我们的内心，经常为了争夺控制权打斗。另外一个版本描述了两支对峙的力量，一支叫恐惧狗，一支叫勇敢狗，这是我们在海豹突击队健身训练项目中使用的名称。我们得到的结论是你喂哪只狗，哪只狗就能赢得战斗。我们不能杀死恐惧狗，因为它是我们自己的一部分——记住，恐惧是自然的，有时甚至是有用的——但是我们能够唤醒它的力量。消极想法和能量喂养恐惧狗，削弱了我们，导致能力下降，健康不佳。我们可以把恐惧狗锁起来，重新把它的能量引向果断和纪律。同时，我们需要喂养勇敢狗。用积极的想法和能量喂养勇敢狗，强化我们的心智、身体和精神。喂养勇敢狗使我们更和善、有耐心、宽容、强大，而且做到关注当下。我们会避开冲突，成为更好的领导者。我们会毫不犹豫地去完成艰难的任务；恐惧不会控制我们。

你需要做的一切就是开始问自己："我该喂哪只狗？"通过时时刻刻关注你要喂哪只狗，你会开始注意到你的思维模式的另一个层次。当我们再次讨论指引过程时，一旦你意识到你的思维模式，就能更好地保持积极的内心对话，这样可以掌控你的注意力，保持它的正确方向：通向成功。在本章结束时，你会看到一个练习和帮助你的贴士。

向你的队友简单解释一下恐惧狗和勇敢狗的概念，下一次遇到什么问题时，停止争吵或者放弃无所作为的态度，说"伙计们，我们现在喂哪只狗？咱们喂勇敢狗吧！"此刻认真思考一下，有助于重建论点或者把问题引到积极的方向。有了这个强大的新工具，你的团队的态度很快就会转变。

培养情绪弹性

> 乐观主义者在所有的困难中都能看到机会。
> 悲观主义者在所有的机会中看到的都是困难。
> L. P. 杰克斯，美国教育家和哲学家（1860–1955）

1994年，在海豹突击队三队，我有机会学习一种美国徒手格斗的方法，叫作"特别格斗攻击反应系统（SCARS）"，我师从其创建者杰里·彼得森。在激烈的300小时课程进展过程中，我慢慢意识到，精疲力尽比肌肉紧张还严重。让我疲惫不堪的不仅仅是费力的训练，还有我的情感波动，每天有好几百次使我陷入困境。在头几天里，我感到别扭，踌躇犹豫，我的队友们也好不了多少。实际上，我最大的恐惧来自我与同学的合作，他们是些我行我素，难以控制的人，很容易伤筋动骨，甚至更糟糕。我回想起一个同学打掉了我的前门牙，我生他的气。我的怒火在胸中燃烧，那天剩下的时间我都在恨他。但是我的这个行为遭到了杰瑞的指责，他告诉我，一个不能控制自己，不能正面引导自己情绪的战士，永远都会失败。当你的情绪使你偏离你所集中的下一个目标时，你很自然地处于守势……在任何对手处于攻势的情况下，你就完蛋了。

情绪弹性对于你磨练意志力起重要作用——这是在形势对你不利时迅速反弹的力量。当你丢了饭碗、被拒绝或者腹股沟被踢了一脚，你会有什么反应？你会允许消极情绪占上风，采取负面或者防御反应，破坏你的兴奋情绪和注意力控制吗？你会仍然做你命运的主宰，保持情绪控制，恢复积极反应和攻击性反应来增强你的自尊心，推动你向前吗？

控制情绪

你知道世界上有两种人——一种人的杯子是半空的，一种人的杯子是半满的。在这种粗略的概括中，我们真正要说的是，有的人是完全消极的，有的人是完全积极的。半空的人把消极思维与消极情绪状态相结合，把自己禁锢在被匮乏感充斥的稀缺世界观之中。这与半满观点的人恰好相反。然而，当你掌握了正能量的艺术后，你仍然有可能陷入情绪炼狱，你处于思维积极向上，而情绪却是消极的状态。你们许多人可能读到过甚至锻炼过积极的自我交谈，但是，那仅仅是方程式的一部分。人们为了保持积极向上的状态，必须说话，进行形象化构想，有积极的感受。否则，情绪状态与积极的自我交谈和形象描述就产生了矛盾，削弱了结果。控制情绪的起点是你对自己情绪的认识：你的情绪是积极还是消极的？

我在SCARS课程训练过程中意识到，我在精神上是积极的，而在情绪上却是消极的。当同学把我的牙打掉时，我保持积极的精神状态，脑子里默念着正确的事情，例如“没什么大不了的，今天很轻松，否则会更糟”，但是除了那些积极的想法，却怨恨由于这个伙伴的粗心大意影响了我，我现在不得不去处理医疗问题。由于紧张的训练需要百分之百的注意力，我个人的遗憾使我的速度慢了下来，怨恨和恼火使我的肌肉紧张，这种状态对我进行的格斗动作起了反作用。一旦我意识到我的负面情绪，就使用早期的指引过程，用积极的想法废除那些消极的。在剩下来的训练时间里，我努力克制思维中的负面情绪，替换或者把它们重新定性——把愤怒的情绪转化为决心，用学习新东西的兴奋感代替不确定的情绪。

海豹突击队训练方法

—— 转化你的情绪 ——

指引法在针对情绪控制时的作用方式稍有不同。为了控制你的情绪，把消极情绪转化为健康的表现，你必须用一种接纳的态度参与这个过程——当你首先探测到这种情绪时，允许它在你的体内存在，把你的意识带到它所在的皮肤和肌肉中。现在，用深呼吸给你和情绪之间提供一些空间，可能还需要一句口号“我不代表我的想法和情绪”。这段距离能使你阻止消极情绪，然后释放它，因此你能够把注意力和能量重新引向更健康的表现。通过积极的自我交谈和简单的形象化构想，让你的新状态与潜意识交流，看看自己希望达到的积极情绪状态。

为了做这种练习，参见下一页关于主要的消极情绪和更健康的对应情绪的列表。在一个安静的地方，坐下来放松，然后闭上眼睛。尝试想象这些主要的消极情绪，每次一个——例如，你可能会回想起你生气的时候。回忆在头脑中浮现的想法，以及你身体的感觉。现在注意你的身体，即使在这种练习中也能再次产生那种同样的感觉。现在，把消极情绪引导到更积极的表现中去，注意每次转变中你身体的感觉。如果起作用，想象一下你当时的真实感觉，或者表达出这些积极的因素，使这些经历更加形象化。

主要情绪	健康的表现
生气	清晰、决心
害怕	机警、热心
贪婪	满足、慷慨
怀疑	好奇，激动
嫉妒	接纳、爱

这个训练方法有助于你熟悉这个指引过程，在下一次对一件事情有消极反应时，你就会自动转到指引过程，转化你的情绪状态，用焕发的活力重新进入分歧点。

每当我注意到我的情绪变得消极或者向相反方向转变时，我就设法阻止自己。我立即重拾信心，变得更高效。

你已经在用指引过程（探测、阻止、重新发出指令、增加能量、交流、训练）来控制大脑和注意力。现在，开始把这个练习扩展到情绪中。毕竟，除了爱和恐惧（这些我们人生初期经历的情绪，永远地构成了人类情绪体验的积极和消极的现实）这些基本情绪之外，大多数情绪都是存储的思想能量。你可以看到消极情绪，阻止它们，然后将它们重新引向积极的情绪。此法的诀窍是学会认知情绪体验是怎样的，而不是感知它们让我们怎么想。我们用身体和大脑体验情绪，因此我们经常会感觉到身体反应，即使我们在心理压制或者否认情绪。例如，当你生气时，你的肌肉会紧张，或者当你害怕时，你会屏住气息。就像绷紧肌肉，屏住呼吸，在心里保持某种想法和形象能够限制情绪体验一样，反之亦然。你能学会放松同样的肌肉，延伸呼吸，改变想法，让自己更全面地感知某件事情，或者第一次有意识地感觉它。

建立自尊

消极情绪会削弱、最小化你的自我意识。你内在的美德当中的信仰对于自尊心的建立非常关键。当你用指引法的“T”（训练）步骤锻炼你新的积极情绪状态，使其变成你身体的组成部分时，你就自然而然地提升了你的自尊心。当你掌控你的注意力时，坚持应用积极的自我交谈也会增加积极的自我情绪。用写日记的方法经常做感恩练习，有助于你把注意力集中在积极情绪上，当消极想法和情绪对你产生威胁时尤其有帮助。作为你每天早晨例行活动的一部分，尝试在日记里列出至少一件关于你自己的好事。在晚上的例行活动中，至少列出一件你要感谢的事情。（这些例行活动的概要在附录2中。）如果你感觉有更多的内容要列出来，不要列出一个就停下来！如果你对自己感觉很糟糕，没有任何关于你自己和你的一天的积极事项马上闪现在脑海里，你始终可以写下类似“我认可自己的一件好事就是我想成为更好的自己”和“今天我很感激我能够健全地活着，还有自己的工作”这类句子。

培养乐观主义

充满信心，保持乐观心态，认为事情总会搞定，它们的发生自有道理。这种情绪弹性与我们的精神发展相重合。当你参加海豹突击队成功之道训练时，你会发现自己在培养一种通向成功的坚强意志，一种乐观主义的潜流，你每获得一次成功都会对它产生推动作用。虽然迎接你的20倍挑战和练习其它的意志力技巧会大大增加你的信心，但是当你实现每一个目标，完成每一个使命时看到自我强加的限制被化解，所有这些经历会强化你的勇士精神。

不管你怎样定义你的精神或者你的精神源泉，你必须把它的力量引向培养乐观精神。不要成为人生挑战的受害者；相反，在追寻人生教给我们的最有价值课程的无尽旅程中，做一个勇士。下文中“找到一线希望”的练习会证明这个练习的价值。

眼睛不要只盯着自己

自恋者通常都很保守，在情绪表现方面不如那些为他人服务的人成熟。海豹突击队员学会了不把目光投在自己身上，为了获胜，他们把目光投在队友的身上。经过一段时间之后，努力成为了他们的一部分，而且他们之间有了兄弟情义。当你亲身参与其中时，你会形成谦卑和慷慨的态度，增强你的情绪意志。这对我们所有人来说都是一个重要的发展阶段，所以理应认真考虑。

真正的队友都很在意彼此的需要，工作时以一种合作和服务的态度，在必要时会冲锋陷阵。他们不会忽视团队的共同需要，例如清理水池，倒垃圾。问问你自己："我怎样才能让领导的工作更轻松？怎样才能让队友更高效？"每个人都会挺身出列，用服务的态度发挥完全不同的作用。然而要注意，那种不情愿提供的服务或者作为任务列表中一部分的不是服务，而是责任。如果服务带着积极有力的放大作用，能够把能量储存到个人或者团队的精神银行账户中，让接受者和给予者都得到提高，那么履行责任就是中立性的，或者甚至可能是消极的，将能量从精神银行账户中撤出了。

设定有效目标

> 不要认为这个世界亏欠于你；
> 这个世界不欠你任何东西——它先于你而存在。
> 罗伯特·琼斯·博戴特，美国牧师、幽默作家（1844–1914）

在原则三中，你学到了怎样把你的目标按最高价值排序，这样你才不会在重要的事情上分散精力，而且有助于保持前瞻专注力，实现使命成功。现在我们先回过头来看看你是怎样选择目标和总使命的。

每当你设定目标时——不管是你总使命中的长期的大目标，还是各项使命中在实现初级目标过程中的短期的小目标——你点燃了螺旋式上升的成功之火，在这个过程中增强了意志力。为了获得积极的动力，你给自己提供了某种为之奋斗（一个“理由”）、需要形象化并为之集中精力的东西。每当实现目标时，成功的激动和你获得的强烈信心提高了你的自我意识和情绪弹性，使得完成下一个使命容易多了。但是，如果首先设定了正确的目标，你就更有可能去完成他们。

明确的目标是指准确无误、积极向上，并且有文字记录的。它们也是可测量的，有相关的、合适的时间框架：如果太短，要么是内容不充足，要么是你为自己设定了失败的目标；如果太长，你的目标会由于缺少紧急重要的内容而被忽视。你的目标必须是可完成的，因为依你的能力和可用资源，你有潜力完成它们。哪个因素是设定目标最不合适的一个元素：你的目标对你和你的生活状况来说必须是现实的。这些属性构成了缩略语SMART——具体的、可测量的、可实现的、现实的、及时或者有时间限制的（分别代表Specific、Measurable、Achievable、Realistic、Timely或Time-Bound）。

你所有的目标——不管是临时目标，还是总使命——都应该符合SMART标准。然后你就可以用我们在原则三中学到的FITS工具，从几个选项中选择价值最高的目标（或者是将你的目标按照优先顺序排列）。

事情越难，你的目标就应该变得越小。这些“微目标”应该精准聚焦于实现目标或者总使命下面细化的分目标上——这是基准测量在发挥作用。虽然我的参训队员胳膊在颤抖，但是我没有鼓励他们集中精力保持45分钟的俯卧撑姿势，而是只坚持一分钟。在地狱周期间，我没有把注意力放在三叉戟勋章上，而是放在安全完成当前这一轮体能训练上，而我的团队毫发无损。

避免一次设定太多的目标，这能缓解对前瞻专注力的压力。记住，海豹突击队一次集中精力完成一个使命——在宏观上和总使命上是这样，在微观上和目标上也是这样。不切实际的时间框架也可能导致失败。不愿意修改目标去适应现实的需要（记住，没有在对敌遭遇中一成不变的计划），只能说明你的思维僵化，与我们试图培养的改革创新精神背道而驰。如果你缺少中间目标或者“自我存在”目标，你就会沉迷于成就之中，而没有足够关注实际、持续的改进（但是必须理解，在实现更大的“存在”目标的过程中考虑成就目标往往是必要的）。最后，每天亲自检查、测量、监控你的进展情况非常重要，这一点怎么强调都不为过。这样可以保证你在正确的轨道上，保持动力，对自己负责！本章结尾的练习部分会用更多的细节带你完成海豹突击队成功之道的目标设定过程。

利用强大的形象化设想

> 用伟大的思想滋养你的大脑，因为你走得永远不会有想得那么高远。
>
> 本杰明·迪斯雷利，英国首相、国会议员（1804–1881）

在挑战状态中，如果你集中精力完成坚实的短期目标，进行积极的自我交谈，做深呼吸，但是你内心想到的画面与灾难有关该怎么办？还猜什么：你定会失败。因此这里需要再次使用形象化作为意志力工具。形象化是以三种主要形式呈现的：指导性冥想、心理投射、心理预演。指导性冥想描述了脚本化系列图像的使用，促进了你大脑的特定经历，特别能促进放松，或有疗愈功效，或利用你的潜意识。这种多功能的形象化，包括诸如静水流深或者心理健身房的练习，用于许多精神传统训练和各种自我完善的方法，因为它有大量的实际性应用。但是，为了磨练意志力，心理投射和心理预演更合适。

就像我们在原则一中学到的“未来的我”的形象化构想那样，在心理投射中，你设想自己已经完成了目标的情景。为了达到最优化效果，尽可能生动地想象那个场景——看到了颜色，听到了声音，闻到了气味，尝到了味道，体验到情绪，仿佛身临其境。然后通过重复或者心理“参访”强化这个形象。这在你的潜意识中播下潜在的种子，把可能的未来转化为很可能实现的未来；你在激发你的潜意识与你意识协调一致地发挥功效。

在原则三里面，我们讨论了虚拟使命预演，这是一种心理预演，你在预演中练习一种技能或者在心理预演某个行动。这种练习使得你心理预演的内外一致，经过一段时间之后，把经过练习的技能印在你的潜意识和神经系统中。研究显示，致力于心理预演会产生与真实预演相同的效果，使能力得到提高，在你构建的熟悉场景中顺畅地运行起来。老虎·伍兹把他卓越的成功归功于心理预演，加上他挥动球杆的次数比其他任何一个高尔夫球员都要多。

心理投射和心理预演对于锻炼意志力来说都非常重要，坚持到底度过艰难时刻要求我们能掌控恐惧。通过形象化构想“体验”你害怕的事情，你在“现场”真正面临恐惧时就能减轻恐惧反应。例如，如果你害怕演讲，先在心理排练演讲，想象一下自己在信心十足地作演讲，抓住了崇拜你的观众们的注意力的形象。这能使实际经历不那么令人畏惧。

我们的许多行为表现都需要我们具备掌控自己思想的能力。我的学员们在开始形象化训练时都感到非常激动；这确实是个大转折。

海豹突击队心智锻炼法5

箱呼吸

摆出冥想姿势或者别的舒适姿势。背部应该挺直，下巴微微收起，目光柔和凝视，或者闭上眼睛。把手轻轻放到膝盖上，把注意力集中到气息上。

- 进行几次缓慢、深深的横膈膜呼吸，连续四次吸气，接着连续四次完整地呼气。将上面的动作重复四遍作为热身。

- 现在开始箱呼吸练习，用鼻子慢慢地进行四次呼吸。

- 屏住呼吸，数四个数。全神贯注于呼吸质量上，注意大脑中出现的形象。如果你的心思在漫游，慢慢把它带回到呼吸中。

- 用数四个数的时间通过鼻子慢慢呼出气息。

- 再屏住气息，数四个数。注意屏住气息的质量，注意你心里在想的事情。

这个过程至少重复5分钟，然后接着练习，直到你能一次做20分钟。经过一段时间后，你还能延长吸气、呼气和屏住气息的时间长度，设法安定你的思绪和烦躁。如果大脑中出现某种思绪，顺其自然，把注意力集中到呼吸上。每当你有机会——比如在读电子邮件时——或者在锻炼时感到压力过大时，用箱呼吸作为你晨练例行活动的一部分（见附录2），白天把它当作“现场练习”。

把压力转化为成功

为了控制你对压力的反应——不管是诸如金融焦虑之类长期的、低级的，还是诸如搏斗之类的剧烈的、极端的压力——你必须练习，掌握一个三阶段的过程。这个过程把原则二中的练习心理控制和情绪弹性的指引过程（探测、阻止、重新发出指令、增加能量、训练）整合起来，通过把它与深呼吸相结合将其带入下一个阶段，控制你的生理反应。

第一阶段：你学会了处理消极想法和情绪，当它们出现，并开始通过你的心理和身体表现它们自己时，练习指引过程，感知、阻止对压力事件的自动反应。

第二阶段：用箱呼吸控制，并把交感神经系统的反应倒转过来。这会避免再次触发压力反应。

第三阶段：继续进行不带箱结构的深呼吸（无需计数或在呼气和吸气间隙屏住气息），在压力之下保持平静，集中注意力，同时增加积极的自我交谈，甚至快速的心理投射，强化自尊或者培养乐观主义精神。深度的、有控制的呼吸过程与积极的注意力控制和意象结合起来，会让你无视任何溜进大脑的破坏性想法或者情绪。不要忘记监控你在早期训练时用来保持一切都处于积极和健康状态的反应和语言。

你在练习时，会发现压力在面对清晰度、注意力、情绪弹性提高时逐渐消失了。当你认识到这些进展时，你会自然地感觉到更有信心，继续为你螺旋式上升的成功之路补充能量。

你在喂哪只狗

强迫自己一整天要定期做心理休整，开始了解你的心理状态。停止你正在做的一切，静静地审视你此刻的想法和“感觉状态”。必要时，通过给情绪加上词语标签的方式搞清楚你的感觉，例如愤怒、嫉妒、平静、激动，等等。如果此刻感觉还不太明显，你就会知道你是否有压力，情绪是否消极，或者处于情绪波动状态，一旦你弄清了你的标签词语属于哪只狗：勇敢狗或是恐惧狗，你的感觉就对了。一旦你弄清了自己的心理状态，就会再次使用指引过程保持积极的心理和情绪状态。

提示1：在你的手腕上套一个橡皮筋。每当你看到橡皮筋时，咬它一下，把注意力集中到你此时此刻的思想和情绪上。如果你总是在忙碌中，这个方法特别有用。你可以把任何东西都换成橡皮筋，作为一种象征，引起你的注意。

提示2：白天把定时器（如可能，用手机）设定为每隔2或3小时提醒一次。当计时器响起时，采取与上面相同的步骤。在办公室或者在家设定都非常有效。

提示3：不管你使用哪种方法，每周要天天练习，把你的想法和练习效果用日记记下来。当你的心理状态展开时，你感觉到自己能分辨出，并能引导它，把练习减少到每周3次，直到你每时每刻都清楚喂哪条狗，感觉到它已经变成一种习惯。

设定明智的目标

拿出日记本，安静地坐下来，仔细思考你的爱好、价值观和你用原则一确定的目标。现在考虑你一生中想要成为的人、想要做的事情以及想要拥有的所有东西，包括明年以及五年后的目标，把它们都列出来。

- 选择最令你激动，并能促使你向完成目标迈进的三个人生目标或者使命，然后再把它们分成帮助你完成主要目标的三年目标和一年目标。把这些目标用SMART术语（理解为：目标）写下来：明确的、可测量的、可完成的、现实的、及时的或者有时间限制的。描述一下完成这些目标之后是什么样子，还没有完成这些目标的时候是什么样子。
- 深呼吸，进入舒适状态。进入你的心理健身房，用你搭建的投影屏幕，尽可能详细地看着自己在完成这些目标，就像你确实生活在未来的那个时刻，或者它们似乎已经发生了。
- 为你每个季度的前三个或者每个月的前三个微目标重复这个过程，它们应该与你选择的年度目标捆绑在一起。

完成目标时，整理列表，这样你就有一个清晰有条理的参考对象，使用附录1中的焦点计划工作表，把所有的东西都组织起来，把你的季度目标分成每月、每周以及每日目标。坚持每天审查你的焦点计划，作为你的早晨例行活动，见附录2中的概括内容。

你可能已经处于追寻这些目标的过程中了，并使用了我们目前在海豹突击队成功之道中学到的工具。太棒了，坚持下去！但是要保证你提出的预先存在的任何目标进入这个过程，确保你真正把注意力集中在正确的目标上，以保证你磨练了意志力。

THE WAY OF THE

SEAL

原则六 打破常规

PRINCIPLE 6 : BREAK THINGS

当你说“我知道一切”的时候意味着你成长的终结。

——莎伦·李，美国作家（1952- ）

“我有一个问题，马克。”我的首席财务官丽莎走进我的办公室，面带焦虑地说。我们刚创建了一个新网站和网店NavySEALs.com，为了开展电子商务业务。由第三方平台设计了新的网站，将发展中的网络技术最大化，目的是想尝试夺回一些市场份额，在2008年经济下滑期间，我们实际上是在一夜之间失去了40%的销售份额。不幸的是，事情的进展看起来并没有像策划的那么顺利。“网站迁移失败了，我们的有机搜索下降了80%。”丽莎告诉我。

这是她告诉我的最糟糕的消息了。仅仅在几个月时间内，我们从一个欣欣向荣的在线商店，月销售总额从125000美元下降到每月2000美元。新网络开发商把事情搞砸了，导致我们失去了任何有意义的资本，我们在顷刻之间失去了多年努力的成果。有机搜索不能被强迫；网站流量的增长需要时间。我可以让公司勉强生存下来，但是我知道它无法支持我了，更不用说一个员工。我决定了要打破常规。

回到办公室，我开始用我的心理工具冥想，想象我未来的业务会是什么样子。自从我在2007年与政府解约后，我在NavySEALs网站上的投入很大。我的目的是，在我开发海豹突击队健身训练的概念，从一个小型训练中心开始时，同时保持NavySEALs作为现金周转的机器。在过去，我会想尽一切办法恢复网站业务，可能会雇用一些人修复网站，同时尝试获取更多的资金。在这种情况下，我通常会向一个企业家建议寻找其他办法使网站复活。认为“我已经往这个项目里投入了这么多，不能放弃它”这种想法很正常。

然而，当我现在从更大的范围考虑时，我意识到它耗费了太多的时间和太多资金，我对它已经没有足够的热情了。我做了有意识的努力，打破了“无论如何我都能做”的固有思维模式，放弃旧业务，以便把精力投入到新业务上。当我这么做时，我开始感觉到我体内的能量在转移，乐观精神在增长。我意识到机会从混乱中滋生出来，我感觉到“知道”这一点是正确的选择，自从我离开海豹突击队和政府解约后还从未有过这么强烈的感觉。

为了保持资金流动，我需要迅速开源节流，于是在那天晚些时候，我就决定放弃NavySEALs小型网站团队，将我的业务目标重新定位。这并不是一个轻松的决定，但是审查我的立场和勇气使我更清楚地意识到，我的痛苦和深层的不安（谁愿意放弃员工？）都是暂时的，都与做出艰难但必要的决定有关。我坚信这是正确的决策。幸运的是，在危机期间我的团队在圈子里，所以他们没有感到惊愕。虽然失业和裁员在商界都是标准做法，但是我认为后者的做法似乎更体面些。

第二天早晨我和妻子桑迪通过了几个命令，试图搞清楚我们多年来没有参与的细节。桑迪在那个艰难时刻给了我巨大的帮助，当时我在一点一点地创建海豹突击队健身训练项目。在她和女儿辛迪以及辛迪的丈夫里克的帮助下，我们恢复了NavySEALs网站，又把它变成了可持续发展的企业。我花了两年时间才挣到了一份工资，但是因为海豹突击队健身训练项目要从NavySEALs中起飞，我知道需要打破常规才能重新改善它们。这个过程的实现需要：

❏ 全力以赴

❏ 在失败中快速前进

- ❑ 寻找机会之窗
- ❑ 快速创新与适应

在本章，我将教给你驾驭这些原则的力量。

全力以赴

> 做还是不做；没有尝试这一步。
>
> 《帝国反击》中的尤达

2004年，伊拉克当选领导人的安全成了主要问题，在“建立国家”的词典中，这是国务院的工作。但是国家把它放弃了，因为他们不能在混乱中和极度危险的战斗活动区域工作。相反，他们把这个任务交给了在W指挥官指挥下的海豹突击队一队。

W指挥官和他的团队为了这些付出能成功，需要迅速打破常规。把重要人物从危险区域救出来是一回事，但是在地球上最危险的地方全天候保护五位外国政府官员的安全完全是另外一码事。因此，怎样才能做到把在一个地方一次保护处于静止状态的一个人的安全措施，变成进攻性的、持久的，保护多人在日常活动中免受生命威胁？哦，海豹突击队一队想出了办法，完成了使命，连续维持了60天。他们应用的概念是迅速转移火力，学会新的技能，这些内容构成了本章的基础。

破釜沉舟

真正的承诺，你的队友能够依靠的，就好像他们赖以生存的那种承诺，要求你一上岸就把船烧掉。然后你必须向前推进，因为你已经切断了退路，点燃了挑战之火。W指挥官和他的团队表示，当你做出重要决定时，没有“或许和可能”。让海豹突击队员采取安全措施，就像让一个终结者照看孩子，但是当召唤到来时，答案是“没问题，先生，我们能做到！”

确定性是一种能让人精力充沛的强大力量，对于打破没有活力的状态，开发动力都是非常必要的。确定性的种子根植于承诺之中，这是一条单行道。你不可能做出部分承诺，或者做潜在的承诺。当你发出强有力的“是的，我能做到！”，就代表你往一个摆在你面前的项目里注入了意图和能量。相反，“我来试一试”是失败主义者发出的迟钝反应。这是一个半是态度半是行动的东西。例如，当NavySEALs网站失败时，我可以把它终止。相反，我承诺重新投资我的企业，重新组织我的优先事项，调整我的期望。

你注意到我们的社会对承诺的价值是怎样溜走的吗？我们从坚持说“你要说到做到”，偷偷地变成了体面的“我试过了，并且尽了最大的努力”，到可接受的“我本以为能做到，但是发生了别的事情”。引用尤达的一句话，他给卢克的指导很有说服力：“做还是不做；没有尝试这一步！”你必须用你拥有的一切来作承诺；否则就说“不”或者“目前做不到”。

找到一种方法，或者创造一种方法

对于精英特战队员来说，承诺并不意味着你已经知道你将如何完成使命。“找到方法或者创造方法”是我们海豹突击队的口号。这意味着你会做出承诺，然后想出办法来。因为没有挑战是全新的或者是独一无二的，为了打破现有的思维模式，你必须把过去的想法和对未来有见识的预见结合起来，提出对目前问题的解决方法。

2004年，许多人感觉伊拉克的情况在改善。在白宫给海豹突击队分派了带有安全细节的任务之后，指挥官W做了基础水平的评估，意识到叛乱分子会加速行动，企图扼杀新生的民主政权，使我们难以完成使命，实际情况将会恶化。但是他不是要凭空想出如何从濒临死亡的境地中解救伊拉克领导人的办法。他和海豹一队的队员首先查看了现有的国务院协议，与保护了阿富汗卡尔扎伊总统的海豹突击队取得了联系。他们与黑水和三叶丛林（也有译为“三蓬”的）公司之类的私人承包商联络，这些承包商一直在保护伊拉克的车队。他们探索了能使用的新技术探测和跟踪威胁，集体讨论怎样组织并与伊拉克同行合作。他们将收集、过滤、筛选到的金点子融入到他们的使命计划中，最后，他们把这些金点子变成全新的标准操作过程（SOPs）和策略，去完成以前从来没有在战斗区域中心以这样的规模完成的任务。开始时，他们只有打破常规的意愿和承诺找到重新改善状况的办法。最后，他们避开、阻止、防御了四百多次不同类型的企图，包括保护领导人的生命，训练伊拉克军队替换他们，同时在直接执行作战命令，对于100名特战队员来说，这是非常骄人的战绩。

海豹突击队一队“打破”了保护细节的常规防御协议，在一个有威胁存在，但并不总是处于活跃状态的环境中，保护一个人或者一家人，创造了一种新的方法，基本处于前线格斗态势下有多方力量从多个角度进入选民区，其功能更有效。海豹突击队一队不仅提供保护措施，在受到攻击时保护他们，还进一步搞清了对伊拉克领导人的潜在威胁。然后他们让直接行动队跟踪这些敌人，锁定他们的方位，在他们发动袭击之前将他们拦截。这是把多种不同的使命类型混合成一种模式的作战方式。

例如，当海豹突击队情报发现高度危险的基地组织，企图刺杀当时的在任总理马利基，海豹突击队立即开始监控嫌疑分子的蜂窝电话通讯、视频、博客和他与其他叛乱者的联系。团队联系的线人来自当地老百姓和已证明是可靠的人。所有的信息都指向正在筹划的袭击，目标是巴格达中部。他们使用新开发的SOPs工具查找坏人，英特尔公司的团队最后“确定”目标在一个已知位置，袭击时间也已探知。指挥官W和他的海豹突击队团队策划了直接行动使命，决定在叛乱分子实施袭击前抓住他。

这次行动和其他类似的行动都很难成功，但是使坏人处于防御状态是关键。海豹突击队没有等待威胁来到他们身边，而是主动向威胁出击。任何谋划袭击受保护的伊拉克领导人的叛乱分子很快得知巴格达城里有位新治安官。没有办法知道究竟有多少预谋的恐怖分子在此次努力中后退了，但是毫无疑问这次行动使许多恐怖分子暂停袭击，改变路线，转而寻找更容易的目标了。

在失败中快速前进

> 成功意味着屡败屡战而从不丧失热情。
>
> 温斯顿·丘吉尔，英国首相（1874–1965）

我认为世界是混乱的，命运青睐有准备者。不幸的是，有时候混乱却拒绝驾驭，不管你给使命穿的防弹衣有多好，不管你付出多大的努力寻找解决办法。尽管混乱的状况有固有的风险，有时候正是因为混乱才有风险，我们依然勇往直前，因为我们在海豹突击队成功之道中不怕风险，失败是不可避免的，实际上失败的次数可能比成功还要多。

好消息是，从文化层面看，失败并不像以往那样丢人——对于一个失业、看到自己的企业破产或申请破产（要么是企业要么是个人）的人来说，它几乎变得微不足道。在今天这个日新月异的世界中，新技术一夜之间改变了行业面貌。随着商业、社会、政治形势像流沙一样变幻莫测，“在失败中快速前进”比以往任何时候都重要。当你有意打破什么东西时，你必须改变观点，以便既能预料，也能接受失败——你会寻求它，因为那是个人和职业机遇的蕴藏所在。事实上，你将另辟蹊径，知道只有失败会带来重整旗鼓的见地和教训。

在我的一个早期项目中，我们有一个来自匹兹堡的炼钢工人，他走进大海练习游泳，一下子就沉了底。他既不会游泳也不会漂浮，而且他太害怕了，不敢告诉我这些，于是就那么沉下去了！后来经过一阵忙乱把他捞了上来。以海豹突击队的训练方式为基础，把大海游泳融合进这个项目合情合理。然而，当更多的非军事人员来找我们训练时，我们会不可避免地吸引不太会游泳的人加入。我们没有对这个明显的失败做出自动反应（理解为：学习机会），也没有取消水下练习，而是重新思考了这个过程。我们不能让所有的学员都到深水里学游泳，因为这样风险太大，但是，我们可以让他们到齐腰深的水里，让他们扛原木，体验“海浪折磨”（坐在水边，互相挽起胳膊）。这消除了溺水的实际危险，同时保留了可见的风险和波涛汹涌冰冷海水的挑战。

我的海豹突击队队友奥尔登·米尔斯在推销他获得巨大成功的“完美俯卧撑健身器”产品时，展示了在失败中快速前进的力量。我回想起我们在NavySEALs网站上为了推销评价他的产品，使用了他的第一款产品“身体旋转器”时的情景。我不知道怎么使用这个该死的东西。“身体旋转器”利用你握在手里的装置的旋转运动，在你的面前做圆周运动（因此得名“身体旋转器”），来开发核心力量和上体力量。奥尔登利用这个概念募集了150万美元，制作了一部电视宣传片，目标瞄准了女子健身市场。很明显，我不是唯一不会使用这款产品的人。这款产品失败了，主要因为消费者发现它使用起来太复杂了，还因为奥尔登把产品投在了健身市场里很小的一个角落。奥尔登烧掉了所有募集来的钱，只剩下25000美元，而且收效甚微。

海豹突击队教给他拥抱失败的能力在这里派上了用场，就好像有老师随时随地在教他。他的时间线太短，口袋太浅，怀疑他产品的人噪声太大，他戴上了眼罩和耳罩，集中精力用一种可控的强度解决这个问题，以至于他在短短的几个月里用一个本垒打解决了问题。他没有把失败的产品做稍微的调整，将其投放到另一个市场，这可能是一种更安全、更容易的解决方案，或者彻底关闭业务，转营其他业务，即决定投资另一种更简单的全新的“完美俯卧撑健身器”。该产品把固定的俯卧撑手柄放到一个旋转的倾斜角，让锻炼者在做俯卧撑时，手腕、胳膊肘和肩膀都能够旋转，使其达到更符合人体工程学原理的运动。他从错误中吸取教训，这次依靠几本男士运动杂志的广告（他更熟悉的市场，同时也是得到更多证实比他先前关注的女士杂志更适合此类产品的市场），用他自己的信用卡购买广告空间，而不是借钱开展更大的宣传。不久他就赚到了足够的利润实现自己融资，制做电视宣传片，使完美俯卧撑健身器闻名全国，而且在仅仅一年内建了2400个零售商店。

总结尝试和失误

在失败中快速前进这个理念是嵌入在海豹突击队的文化和规则之中的。好的领导者能看到重要的作用发挥失败，并接受它。你不能对失败太敏感。事情进展不顺利时，偶尔会发生这样的情况，如果意图是好的，就不会有巫师被猎杀了。相反，努力搞清楚什么地方不起作用以及为什么，然后收拾残局，并用新方法继续尝试。如果你不能改变你的组织文化，鼓励你的团队担当更多的风险，从基层开始做起。如果他们失败了，接受打击，为他们提供更好的保护。这听起来对你的事业有风险，可能的确会有，但是它能为你的团队带来更多的动力，为你作为领导者提供更多的成长机会。把注意力集中到大场景：你的成长和成功非常重要，你成长为精英领导者不一定非要坚持做你现在的职业！如果你的老板不同意，请你离开，那么你就能确定，还会有另一个商界领袖，接受这个理念的人，愿意了解你的主动精神。当你表现出愿意接受打击，你就可能鼓舞组织内的上层领导做同样的事情，或者在他们看到你取得的成果时，至少提高他们的风险承受能力。

我的建议是，你要为自己、你的团队，理想的是为你的组织，总结尝试和失误。在失败中快速前进能使每个人迅速学习并获得动力。失败仅仅是学习过程中的一个步骤，它看起来就像：

1. 尝试新东西。

2. 失败。

3. 分析（a）我们学习的课程，（b）我们怎么才能改变我们的方法，获得动力，避免再次失败。

4. 为下一个循环实施改变。

5. 亲自整合观点，在团队层面为下一轮的尝试转变你的思想，或许还可以调整反应新知识的系统或过程。

6. 再次尝试，重复第二步到第五步，直到你成功完成使命。

这个过程为你创造了在失败中快速前进的条件。失败变成了可预料的事件，而不是破坏性的“全停”时刻。在失败中快速前进变成了一个积极的命令，它能产生一种动力，克服不可避免的挑战，不断地把你推向解决问题的方向。团队成员寻求内在成长的目的得到了满足，就会更高兴，表现得更好。没有人会因为代表组织承担风险而受到压制或者惩罚。

消除对风险的厌恶情绪

常常只是因为害怕失败，或者厌恶风险导致了失败。在急需采取行动的时刻停滞不前可能会使你碰壁，把头撞破。因为你害怕遭受损失，在商业交易或者选择股票时不采取果断行动会导致错失良机，不能学习和成长——甚至会导致更可怕的后果，比如企业破产。厌恶风险的人把失败看作是一种证明：

- ❏ 他们不适合做这个工作
- ❏ 团队把事情搞乱了
- ❏ 市场或其他因素没有顺应他们
- ❏ 项目或者企业总是注定要失败

虽然在某种程度上，上述所有的陈述可能都是真实的，但是这些脆弱的看法都于事无补，也不会让你取得理想的结果。敢于担当，从错误中吸取教训，而不是寻求推卸责任，是海豹突击队成功之道。事情失败了……那么怎么办？接着再来！我去责怪别人、因为NavySEAL网站的失败而抨击我的网络开发商是毫无用处的。失败不应该受到指责或怜悯。相反，失败应当因为它提供的见解而得到表彰。失败是学习的营养，是我们的老师。没有风险，我们不会失败，但我们因此也不能朝着精英表现和获得最好解决方法的方向学习和成长了。

寻找机会之窗

> 如果你在寻找大机会，那就设法找到一个大问题。
>
> H. 杰克逊·布朗，畅销书《趣味生活小知识》作者（1940-）

人生会以失败的形式给你带来大量的机遇，当你有意接受在失败中快速前进的理念时，你就加快了向学习和成长的机会前进。但是作为一名海豹突击队成功之道的领导者，你能够，并且也应该主动寻求打破常规的机会，以便能重新制造更好的机会。

技术发展的速度加速了商业、政府和我们个人生活等各个领域中的变化。这些新的现实背离了旧的界限，窗口打开了，这些窗口中产生了许多机会。在我们正在经历的转型时期里，将会有更多的混乱，更多的现实空白和更多的机会。这些机会需要你去抓住。

活在当下

大多数人甚至看不见这些机会，因为他们总是心生疑虑，总在琢磨事情过去如何如何，希望回到过去。这些人通常都很悲观、不满足，因为他们渴望找回逝去的东西。由于他们否认变化，不能或者不愿意看到未来，这就减慢了他们前进的脚步。

有一小部分人总是展望未来，希望事情变得更好，同时害怕最糟糕的事情出现。像“我要等到……再……”或者“当我再次升职时”，再加上消极的疑问“要是……怎么办？”这些想法体现了一种思维定势。然而，这类人可能会陷入希望事情下一次会变好的状态中，而不是从过去的错误中吸取教训，实际上造成了自己长期摆脱不了那些错误。“盯着前方时间”的思维者也经常错过机会，因为他们缺乏采取行动的勇气。在今天相对安全的世界里，我们的许多恐惧都来自想象且未知的未来，所以通过想象失败和所有可能发生可怕事情的人，发现他们陷入负面信息不断的循环之中。除非你学会构想成功，设想富足的未来，“盯着前方时间”的思维会迫使你的大脑陷入消极的偏见之中。勇敢有力的行动，就算可能做到，在消极的状态中也是很难的。

创造性思维在当下发挥作用，而理性的思维存在于过去和未来。因此，你必须能够利用这三个时间维度才不会陷入困境。你想要对未来乐观些，有明确的目标，然后借鉴历史，并与之有机衔接。最后，你必须对眼前的新机会保持前瞻专注力。如果你能轻易地把焦点从未来转移到过去，再转移到现在，你就能很容易地发现新旧现实的区别，找到打破常规、别人看不见的突破点。

让你的思维更精细，你就能很容易地将专注焦点从未来转移到过去，再转移到现在，这是第一步。为了有效地利用这种原则，你还想寻找你的竞争对手思维模式的弱点。把这个知识与了解他们系统的构成以及他们在哪里会出问题结合起来，会有助于你找到隐藏的机会。在两千多年前，孙子说过，“不知彼而知己，一胜一负。”然而，“知己知彼，百战不殆。”

这些话听起来都很了不起，但是孙子的理论是假定你的头脑能分辨和处理你收到的所有信息。当你受到心理盲点的妨碍，具备这样多方面的知识是非常困难的，然而我们大多数人都是如此。

识别并摧毁盲点

大脑每时每刻都在接收海量信息，并且要过滤那些信息，才能搞清楚其含义。大脑进入某种熟悉和轻松的惯常模式或者思维方式。在团队和不同的文化中，当重复这些模式并将其正式确认然后投入训练时，它们就融入了系统。它们蒙蔽了系统中的那些人，使他们看不见其它思维模式或者行为方式，将机会隐藏起来，避开人们的视线。最好的领导总是留意打破常规行为，以便避开盲点。

我在海豹突击队三队时，受命检测海军爆破军火处理团队的防游泳者海豚。这些海豚被训练封锁敌方潜水员进入敏感航道。常规训练只是潜入目标方向，让海豚设法发现你。当海豚发现你时，会猛力敲打你的面罩。我确信海豚喜欢这个游戏，但是我们不太喜欢。此外，我们想从这个使命中得到真正的训练价值。我的团队五对游泳者在午夜进入水中。当我们抱住通道底部时，那是海豚很难利用它们天然声呐的地方，我打开了我放在潮湿的潜水服里的小型手持声呐设备。对于海豚来说，这听起来一定像在海底举行摇滚音乐会。我和游泳搭档朝目标游过去，除了一对游泳者之外，其他的游泳者都游过去了，而这一对都受到了其中一只困惑的哺乳动物敲打面罩。

这个故事的关键在于，由于有阻止他们看到新操作方式的盲点，爆破军火处理队像系统中不断用相同方式行事的任何一个团队一样，暴露在风险之中。我来到这里，发现爆破军火处理队没有认真对待常规训练——他们满足于现状，明显没有考虑到敌方游泳者可能使用简单的非常规办法对付海豚。这种思维方式能让你在战斗中丧命，还会在商业活动中导致失去市场份额或者更严重的后果。为了赢得每一场胜利，我们需要填补机遇空白，然后改进并迅速适应，在别人发现它们之前填补空白。

快速创新与适应

> 每一个有新想法的人在想法成功之前都是稀奇古怪的人。
>
> 马克·吐温，美国作家、幽默演说家（1835–1910）

海军陆战队有个非常有价值的座右铭，是“Semper Fidelis”，意思是“永远忠诚”。海军相互之间、对军团、对美国总是很忠诚——上帝保佑他们正是因为这一点。出于对这些兄弟姐妹们的赞同，海豹突击队的不成文座右铭是“Semper Gumby”，意思是“永远灵活”。这个座右铭是参考能够折弯、变形以适合任何情况的橡皮玩具喜剧英雄而来的，它说明了海豹突击队为什么能在最混乱的情况下作战，迅速找到系统中的机遇之窗，去主宰战斗空间。这并不是因为他们势不可挡的火力或者绝密的技术。不，而是他们根据需要非常人性化的创新和适应技能。

例如，在第一次伊拉克战争“沙漠风暴”期间，我的朋友迪茨上尉和他的海豹突击队排在执行使命过程中遇到了挑战：他们需要在不被发现的情况下把大量的C-4炸药运到岸上，但是这需要一艘大型的、容易找到的船，否则海豹突击队员们就得多次冒险用游泳的方式每次带一点。后来一个刚入伍的海豹突击队下等兵建议使用冲浪板运送C-4袋子进入冲浪区。我的伙伴迪茨大吃一惊，但是他们马上看到了这个非常规建议的亮点。当然没有人想过在执行特战任务时使用冲浪板，但是这个解决方法满足了他们所有的需要。打回司令部要冲浪板的电话令长官们大为吃惊，但是任使命的成功证明了这个概念的正确性。

这种灵活性对海豹突击队利用别人看不见的机会的能力很关键。他们果断地利用这些机会采取行动的能力为他们赢得胜利提供了动力。

用果断的行动破除惰性

经过海豹突击队多年的训练、武术和瑜伽练习，我注意到这些传统作为勇士发展的模式，在许多方面互相映射。我想要把它们的精华整合成一个训练模式。2007年当我的短期政府合约结束时，我这个新追求的机会到来了，但是，我不知道什么样的商业模式才能把这种训练方法传达给公众。我没有去远方学习，而是从各个角度研究了之后，决定亲自上阵，边干边学。我果断地投入挑战，开办了混合健身馆（一种功能健身训练系统，海豹突击队从中选取了一些内容），带着双重目的，一个是想提高我自己的技能和知识，另一个是通过尝试不同策略找到正确的商业模式。我开始带领一个叫“海豹突击队健身训练”的班，开发了科科罗训练营检验我的理论，教授一个早期版本的整合训练方法，包括混合健身训练、力量和忍耐力开发、意志力技能还有瑜伽。我还开始学习所有我能学到的关于意志力和表现心理学的理论，以便能用适当的词汇和研究支持我的体验式学习。我知道，如果我想要继续我作为性格培训师的新事业，我自己则需要变成主题专家。我无法回避风险或者害怕失败——我感觉到需要在失败中快速前进。

除了厌恶风险和害怕失败，犹豫不决可能是扼杀创新、停滞不前最普遍的原因，我们称之为“惰性”。在混乱中果敢行动并不容易，尤其是当你有压力和疲惫不堪时。实际情况是任何计划都比没有计划强，一个立即执行的好计划远比实施太晚的完美计划好得多——海豹突击队成功之道的领导从来不屈从于分析麻痹。在你忙于改革、适应新情况，利用新机会的时候怎么能妥协呢？

注意，我在这里并不提倡自动反应或者不加思考的行动。我是说你需要有一个“足够好”的计划（一个以不完整信息为基础的计划），确信当你在失败中快速前进，利用你的资源时，你的决策会改进。你不能让害怕失败阻止你开始！让你的直觉指引你（我们将在下一章探索怎么做）。当你付诸行动时，你的看法会转变，这是好事，在行动过程中你会把事情调整好。所以，花一点时间评估形势，做出决定，使用本书中的工具指导你，尽快采取行动，选择一条符合伦理的、积极的前进道路。

如果你不确定该采取什么行动，尝试下面的办法：从确定你的可用资源开始，然后打乱旧的模式，建立新常规，将你的重点重新定位，把你团队的焦点定位到目前的挑战中。这些努力可能包括开展研究，与有经验的人联系，动员你的团队分派准备好的任务。你甚至可能要发布一个“预警命令”，提示你的团队可能要发生的事情。每个企业都有一个战斗节奏——一个熟悉的顺序或者准备好做重要事情的过程，然后开始行动——作为团队文化的组成部分。在执行每一项新使命时，你需要一种新的节奏去破除惰性，让能量流动起来。你也可能有新的利益相关者，他们的计划和优先项目必须加以考虑。

例如你要推销一种新产品或者服务，你与支持你的投资人已经开始洽谈合约。你的部分预警命令可能是给团队成员分配任务，比如研究市场或者集体讨论域名的构想。以前你可能每周开一次业务会议，现在你可能计划每天约见你的团队，包括与你的第三方股东召开每周电话会议。如果你给他们一个警告信息，所有人都会开始调整优先事项和计划的顺序，为即将发生的事情做准备。当这些合同签好后，你就得准备好采取行动了。

海豹突击队训练方法

—— 养成果断的习惯 ——

为了满怀信心地打破常规，你必须养成果断的习惯。从小事练起。例如，下一次有人问你观点时，比如看什么电影或者上哪儿吃饭，不要推脱，就说，“不管你想看什么或者上哪儿吃，对我来说都可以。”马上做出决定。还要在工作中练习，尤其在开始一个新项目的时候。不要只坐在那里想事情，直到百分之百想明白了才行动——让所有人按照预警命令行动或者给重要队友分配任务，让他们收集信息。

在混乱中表现卓越

当混乱常态化时——例如当国家、业界或者公司经历阶段性的快速变化时——人们的心理陷入混乱状态，会立即寻找动态平衡，寻找先前稳定系统的残余部分。它经常附着在那些模式的回声上，证明事情处于常态化。这可能会导致一些糟糕的决定，因为这些通常是一些错误的指示：当事情完全崩溃时，它们很少能恢复到以前的正常状态，而是经过一段时间恢复到一种新的正常状态。对我们来说，因为其他所有人都在寻找过去或者蹲下来等待尘埃落定的时候，而我们学会了在迅速变化的环境中创新，这意味着更多的机会。在这种情况下，海豹突击队成功之道的领导处理模式有两种主要方式：

- ❑ 你会避开系统中旧的程式化模式，寻求在混乱中出现的新模式。这些模式会在系统重新平衡时将方法同时指向创新的威胁和机会。
- ❑ 你会确保不落入自己的常规，因为那样会通过频繁改变你个人和团队常规的方式在迷惑对手的同时保持你的观点新鲜，提高你的风险。

你会因成为混乱的朋友并掌控之而大大受益，即使起初这可能让人不太舒服。记住，突破局面达到超常效果，就是用新习惯替换旧习惯——让不断改变现状成为习惯，你就会在面对混乱或者快速发展时，消除任何不舒服状态。这会提高对新模式的认识，增强规避盲点、打破旧常规的能力，把你的思想从常规的束缚中解放出来，注入强烈的创新精神。这个方法对我非常奏效。事实上，如果情况长时间保持不变，我就会感到紧张——我的内心混乱开始加剧，造成了思维停滞，也削弱了我的创新能力。我对持久的变化更有信心，因为它让我处于尖峰状态，为了保持节奏我必须不断成长。

“常规是敌人”这个警示语告诉我们，常规行为形成的盲点和程式化思维阻止我们利用更好的机会，甚至导致危险。然而，虽然有些常规抑制、阻止创新，但是其它的常规会解放我们的注意力，使我们集中精力创新。从每一次都做同样的事情形成带有痕迹的常规——往往是潜意识的，充其量是无意识的决定——是那些抑制创造性的常规。然而，当我们围绕有力的表现和意识工具创建例行活动时，例如早晚例行活动，或者当我们执行使命或者关键方式常用的基础训练时，例如你的标准操作程序，那么我们就是在把最高表现行为融进潜意识之中。这些好的常规，有助于开发创造力，通向成功。

一个需要考虑的微妙模式是你在做决定时的身体和心理姿态（换言之，即你的生理和心理状态）。你感到消沉、疲惫、消极或者郁闷吗？这些都是做出重要决定时的弱势反应。改变你的身体姿势，在你做这个行为之前用一些积极的陈述给你的心理补充能量。比如，思考一下，你每次考虑重要问题时依照惯例都用同一间会议室吗？尝试改变这个环境，你就会在做决定之前改变能量和思维类型。我在训练中心是许多善意笑话的笑柄，因为我一直在换办公室。但我每次换地方时，就看到了事情的微妙变化。事实上，我搬家的次数实在太多，以至于我最后放弃了要一间办公室的要求，这帮助我避开了与常规有联系的盲点和混乱。我不仅做出了更好的决定，而且还发现我在全神贯注、不受打扰的时间里的工作效率提高了25%，这些时间主要用于写作和开发创新型项目。考虑打破自己的常规，例如：

- ❑ 身体锻炼（学习优秀范例，参观SEALFIT.com或者CrossFit.com）
- ❑ 食物类型、数量、用餐时间

- ❑ 假期目的地和度假时间（对不起，在每年同一时间去同一个地方就是常规了）
- ❑ 每日、每周的开会地点或者每年的静居处
- ❑ 你遇到的心理和情绪难题
- ❑ 娱乐活动（每周两次去同一个高尔夫球场无助于你激活大脑细胞）

虽然本书中有这么多的原则，但是你打破常规的努力最终受到你的能力中坚定信心的支持，但是这个信心来自哪里？当你完成本书中的练习，开始理解你真正能完成多少任务时，你一定会看到你信心的增长。但是你的内心已经有更深刻的知识来源，等待你去利用。

海豹突击队训练方法

—— 养成多样化的习惯 ——

列出你每天和每周的生活常规。你什么时候醒来？你是在淋浴之前还是之后刷牙？你在刷牙之前检查电子邮件吗？你能发现什么样的常规思想类型？我们都擅长欺骗自己，所以你为什么不问问你最好的朋友或者配偶你的常规习惯和想法是什么？借助于这张表单，制作你要打破这些常规的一个平行表单。每天在不同的时间起床。采用不同的工作路线。不要把检查电子邮件作为第一件事，每天只检查两次。禁食一天或做一次果汁清肠排毒。把事情打乱之后再建立新的常规。这将在你的大脑里形成新的思路，帮助你避开盲点和习惯性思维，为你的普通生活增添一些情趣。你也可以很容易把这个练习应用于团队。

海豹突击队心智锻炼法6

找到一线希望

有一个很好的工具，能够帮助你从重要事件中学习，并用你的独到观点保证你能用深思熟虑和强有力的方式打破常规，而不是重复它们。当你遭遇“失败”时，这是一个必要的练习，但是对于一场胜利同样有用——我们总是有可学的东西。当你完成事件、挑战或者任务时，找一个安静的地方用日记记下来。做深呼吸或者箱呼吸，使自己安静下来。现在，开始问自己关于“感激”的问题。你已经顺利度过或者完成重要事件，你能感谢谁，或者说你要向谁表示感谢呢？当然包括你自己，但是也考虑一下你的家人、队友、指导老师、支持人员，甚至你的敌人。这就使你从积极的心态开始，对于你在失败中快速前进和有效地打破常规非常必要。

接下来，仔细考虑你的表现。问自己：“我做得怎么样？我学到了什么？我在20倍因子挑战中成功了吗？我下一次需要怎样改进，才能做得更好？这件事值得我花费时间和精力吗——我需要再做一次吗？”写下你思考的问题。你不需要做任何决定，只须在它们被遗忘或者在被记忆过滤器处理之前，把关键想法写下来。

如果经过思考，你发现了自己表现不满意的方面，用积极的课程重新构建。你学到了什么？亮点在哪里？它为什么以它自己的方式发生了？不管你是否赢得这次事件，你都可以选择如何看待所发生的事情以及如何对它做出积极的回应，来确保你以后能赢。这个有效的过程能使你集中精力喂勇敢狗，考虑失败中的积极因素，即使你撞了一鼻子灰。

找到机会

这个练习将帮助你发现以前隐匿的潜在机会。拿出笔记本，回答下面与你的兴趣领域有关的问题：

1. 思考一下你着眼于过去的领域里优秀的个人或者公司。他们在哪里陷入困境，是什么信念驱动他们的行为？

2. 思考一下你着眼于未来的领域里优秀的个人或者公司。他们在哪里因为主观随意的想法陷入困境，是什么信念驱动他们的行为？

3. 思考一下你关注的领域里优秀的个人或者公司。他们是怎样生存的，前瞻专注力如何？是什么信念在驱动他们？你在高效运作方面从他们身上能学到什么？

当你对自己的回答感到满意时，坐下来练习几分钟箱呼吸，然后再静坐几分钟。准备好，问自己：

1. 如果有，是什么信念让我陷入过去的焦点中？

2. 如果有，是什么信念让我陷入将来的焦点中？（记住，你需要展望未来，但是却应着眼于现在。）

3. 了解这些信念以及它们是怎样限制我的，现在有什么机会为我开放？

4. 我有没有可能抓住其中最好的一次机会？如果不能，是什么阻止了我？我需要做什么才能继续前进？

不要忘记在日记本上记下这个练习中的观点。

THE WAY OF THE

SEAL

原则七
培养你的直觉力

PRINCIPLE 7 : BUILD YOUR INTUITION

直觉是人类神圣的天赋，理性是人类忠实的仆人。我们已经造就了一个赞誉这个仆人但遗忘了这个天赋的社会。

——阿尔伯特·爱因斯坦
美国创新者、科学天才（1879–1955）

打破常规，然后用你的理性重塑它们，这只完成了任务的一半。你大多数的创造性和你的一些最好的想法都来自你隐藏着的内在潜意识。你一旦学会了利用这个强大的智慧，你就会有所突破，达到一个新的意识水平和成就。我相信这些技能在20年以后会成为很常见的技能——现在，让我们给你直觉的支持，在竞争中脱颖而出！

你大概有过这样的经历，你对一件事情有不好的预感，在它发生之前就感觉到它要发生，或者有一种严重的似曾相识的错觉。如果你和大多数人一样，就可能会忽视它。我建议你密切关注这些时刻，为了你自己或者其他人，利用它们训练你的直觉。虽然许多商人可能会嘲笑这些人，认为这是“变戏法”（或者用其它术语），但现代勇士的战场正在重新获得对直觉研究和开发的兴趣。自1960年代，苏联军方就开始了对诸如睡眠状态、意志力、预感、超级洞察力和超感觉力等神秘精神技巧的研究。根据冷战时代解密的中央情报局报告，苏联人成功地用心理投射（有争议）打开了一个人的脊柱，还利用超人洞察力刺探美国导弹发射地址。这无疑刺激了美国开始研发这方面的技术。

美国陆军特种部队绿色贝雷帽和海军海豹突击队执行的一个叫“特洛伊木马”的早期项目，秘密组织了一个团队练习合气道（一种重点练习探测、合并、重导对手活动和潜在能量的武术），冥想6个月，对士兵的射击准确度、集中注意力的技能和主观压力意识进行基准测量。在测试期结束时，士兵们在集中注意力、准确度、压力管理以及他们描述的“直觉意识”方面都有提高。

然后又出现了“星际之门”和空军发起的利用特战队员开发他们称之为“远视”的超级洞察力技能的直觉训练。受训者坐在房间里，在提供给他们网格参照或者地名之后，可以在心里把自己投射到一个遥远的位置。有趣的是，他们能够通过语言传递准确信息，并能传递他们看到的图像。

我在阿帕奇侦查训练中经历过类似的情形。阿帕奇人作为杰出的勇士而闻名，他们高难的身体和心理训练延续了我尊敬的其他勇士那样的相同传统，例如斯巴达人和日本武士。我寻求参与这种训练，深化我的跟踪和意识技能，特别是在自然环境中。许多训练从冥想和形象化开始，包括精神漫步。在这个练习中，我检查了一条森林小径的起始部分，并没有走完它。然后在训练大厅，我在把自己投射到心里的小路上。我注意到一个非常突出的特征，这个情景看起来很像摩门教庙宇沐浴在金色的阳光中。奇怪的是，我后来走在真实的小路上，看见了我的直觉看到的卡通形象——一颗巨大美丽的孤树，树皮在闪电中被剥掉了，沐浴在午后金色的阳光中。我从这次经历和其它类似的经历中懂得，直觉语言与理性语言不同：直觉语言通过形象和感官与我们交流，我们能够通过实践看见和理解它们。

回到当前的现实中，这对你意味着什么？你的直觉技能是创造性、躲避危险与高级思维和交流的源泉。为了增强“打破常规”的心理状态，你必须使用本书到目前为止描述的技能，以及本章描述的更微妙的软技能。现在是时候开发你的直觉了，在人生中用下列方式作为实用工具：

❑ 拓展你的意识

❑ 强化你的感官认知

❑ 找出你的盲区

❑ 聆听你的内在智慧

拓展你的意识

我们不要带着愤怒回忆过去，也不要带着恐惧展望未来，
而是有意识地环顾周围。

詹姆斯·瑟伯，美国作家、幽默家（1894–1961）

意识是密切关注全局和同时关注部分形势的能力。我们希望能够完全掌握这种能力，同时保持对细节的关注。开发直觉要求扩展我们的意识范围，随心所欲利用我们的潜意识心理。利用直觉的艺术就是通过吸收更多的信息来学习，然后用一种理性的形式介入。这种技能有助于我们做出更好的决定，避开危险或者问题，尤其是在实践中或者在混乱状态中。

我们把呼吸与你怎样利用眼睛激活你扩展意识的能力相结合。首先，我在“战无不胜大脑”训练中讲授了运用眼睛的两种方法：集中意识和放松意识。这两种方法的区别是，前者需要用眼睛聚精会神地看，看每一个细节，后者是用眼睛吸收信息，铭记你的意识可能都意识不到的东西。当你集中注意力用眼睛看时，你集中了全部注意力，把分心的东西都忽视了。当你的目标是直接意义的前瞻专注力时，以上技能就很有价值。然而，那些使人分心的事情可能包括对更深层了解你境况非常关键的信息输入，即包括预示你迅速、决定性行动，并给了你在失败中快速前进的信心的重要线索。例如，当你集中注意力做一件事情，有时候会只见树木，不见森林，包括你可能看不到对你的决策可能有价值的信息等情况。因此，我们还需要一种方法，时刻能留意那些信息。

利用集中意识技巧，你可以像用激光束一样使用你的眼睛，全神贯注地去看。这种凝视可能还会释放能量：根据科林·A. 罗斯研究所创建人、《人

类能量场》作者科林·罗斯最近的研究，我们眼睛发出的能量能传播几百米远。如果你偷偷地接近一头鹿，全神贯注地一看那头鹿，就知道它会马上惊恐地逃走，因为它能感觉到你的能量。当你用这种方式使用眼睛时，你的意识会全神贯注地观察和处理信息。然而，当我们分散注意力时，事情会变得更有趣。

放松意识以一种分散眼睛注意力的技巧，使信息通过眼睛进入大脑，就像眼睛是窗口一样。你凝视的眼神会变得柔和，视野放宽，而且没有去注视特定的物体，类似于在夜间使用周边视觉。阿帕奇侦察兵把这叫作“广角视野”，利用这种技巧偷偷接近目标和加深意识。当你用这种方式使用眼睛时，大脑处于一种信息在我们的潜意识中进进出出的状态。通常我们并不需要这种信息，但是在以后不同情况下需要它时，它就作为直觉、灵感闪现和创造力来出现在我们面前了。那些学会铭记，并利用这个潜意识源泉的人经常被社会公认为是天才——例如阿尔伯特·爱因斯坦，就以他的午后小睡闻名，他常常在全神贯注解方程式的时候睡着。他许多的灵感闪现都发生在刚刚进入小睡或者醒来的时刻，那个时候他的眼神柔和，大脑放松。我相信海豹突击队员在迎接一个又一个挑战时也是这种情况。如果你应用了这些原则，你也能成为天才！

利用直觉进入高峰状态的关键，是在集中意识和放松意识之间转换，给每个类型加上特定的呼吸类型和能量状态。当激活集中意识时，把你的呼吸变成深入的、强有力的通过鼻孔进行的呼吸，就好像在给你的能量仓库充电。事实上，你是在给自己的细胞加氧，把带氧的血液泵进大脑。现在你准备爆发行动了。当你不需要采取行动，但是想要尽可能多地吸收信息时，你就转入放松意识。此时你的呼吸也很深沉而缓慢，更有节奏和约束感，好像箱呼吸或者类似的类型。你现在的能量状态像池塘一样平静，当你察看周围的环境，将其全部吸收时，你的眼神变得柔和，变成广角视野。

想象海豹突击队的一个排在巡逻。海豹突击队员全都使用放松意识的凝视，他们的呼吸形式柔和、有约束感。他们在吸收信息，把信息铭记在深深的潜意识中。突然，断后的队员感觉胃部有一种拖拽感，他的头发稍竖了起来。他没有考虑是怎么回事；相反，他马上向团队发出停止前进的信号。所有的海豹突击队员立即转进入集中意识状态。他们用眼睛凝视前方，寻找危险源线索。当他们吸进宝贵的氧气时，他们的呼吸变得更深沉、更有力。现在他们处于提高警觉的状态，准备立即开始行动。

海豹突击队训练方法

——金姆游戏（KIM）——

海豹突击队使用一种叫作“保持记忆”（Keep in Memory，缩写为“KIM”）的学习工具，旨在培养对细节和意识的注意力，以及练习通过铭记过程进入记忆。这是练习集中意识和放松意识非常好的方法。这个练习可以单独训练，但是以团队形式训练效果更好。首先，任意选择20件物品，把它们放在地板或者桌子的毯子下面。不要看这些东西。接着，深呼吸几分钟，做好准备，清净大脑。准备好时，拿开毯子，看这些物品60秒钟。在放松意识和集中意识之间转换，记住细节和整体。现在重新盖上毯子。

你（或者你的团队）能回想起多少件物品？你能记住什么细节？重复这个练习，直到你能真正在这两种心理状态中自由转换，记住所有的物品和物品的细微细节。每当你做这个练习的时候，你会提高吸收、保留信息的能力。你的意识领域得到了拓展，不久以后，不管在哪里，你都能记住微妙和详细的信息了。

这看起来很像商业场景。如果你在准备开一个重要的会议，你用放松意识巡逻，企图吸收细节，不用直接的视线得到重要事情的直觉。接近会议时间时，你转向集中意识，跟团队交谈，了解每个人的日程，需要传达什么信息，确保你掌控了会议的目标。在开会期间，你在两种状态中来回转换。例如，你可能提出一个关于集中意识的详细问题，然后放松一下，允许你的意识再次放松，使用直觉信息想出你要说什么，对谁说。你的直觉告诉你现在正在失去人们的注意还是使其迷惑？改变方式！你从角落里的那个人身上得到强烈的消极气氛了吗？问问他是否有担心的事。放松意识为你提供了与观众更多的联系，促使你与观众进行交流。

你可以付出一些努力练习这些学习和行动状态。理想的状态是，你能任意在两种状态中来回转换，进入最佳学习状态，同时也能准备对你从直觉中接收的信号做出反应。把这种状态与全力以赴和“在失败中快速前进”的积极方法结合起来，你将变得无往而不胜，无所畏惧地打破常规，为你的精英表现创造新的可能。

你的意识一定会随着你的年龄、阅历自然拓展，吸收更多的经历。然而，如果你始终把自己封闭在大脑之中，你就会仍然对更深层的内心智慧保持封闭状态。我想做的是通过让你脱离自己的大脑，深化你的感官与潜意识才能的联系，训练你有计划地拓展意识。

强化你的感官认知

> 当你开始使用你忽视的感觉时，就会用全新的眼光来看待世界，
> 这就是对你的回报。
>
> 芭芭拉·谢尔，美国演说家
>
> 畅销书《雕琢梦想：怎样得到你真正想要的》作者（1935- ）

你在很长时间里没有使用手机和笔记本电脑，从大自然中走出来之后，你会注意到你的感觉有多好：这是因为，你的节奏慢得足够让你的外层意识静下来，并允许你的内在智慧略展露头角。让感觉慢下来，并使其参与意识活动能培养你的警觉性。警觉性是一种练习，能产生与你内在自我更深刻的联系，更清晰的意识状态，你的智慧能通过这种状态流出。为了促进这个过程，你想要培养你的感官认知，这意味着你通过每一个感官吸收了更多的信息。你的皮肤、鼻子、耳朵、嘴巴、眼睛会告诉你什么？你能最大限度地吸收所有的信息吗？如果你能，你会知道吗？

在我当初直接从商学院进入工作领域时，我没有现在讨论的这种超级意识。我感觉我的感官和直觉似乎处于关闭状态，我的心里在不停地思考，却没有接收新的信息。我通过妄下结论来解决问题，这是我的成长环境和教育背景赋予我的性格，或者利用科学方法提出一种理论、研究和测试的方案，找到一种解决方法。并不是我一个人这样做，因为这些过去是，现在仍然是大多数专业人士典型的解决问题方法。结果，正像许多处于相同境地专业人士看到的那样，我的决定是一维的，与任何更深层的智慧意识没有关联，与其他人的智慧也没有联系。

然而，当我开始在中村的学校练习冥想时，情况慢慢地改变了。我不仅经历了更多的感官变化，而且还培养了我接收周围人信息的能力。这种能力在办公室的收获非常大，因为我能更真实地联系和交流了。我不是立即用预置程序一样的自动反应进行回应，而是暂停下来，用一个“空白的大脑”进行倾听，更好地理解别人所想所感，然后再适度应答。

虽然海豹突击队没有刻意地练习机警性，但是我们的训练一定包括相似的类型，比如长时间的强制性静默、提高意识的练习、心理敏感度和坚韧性练习。我相信，这些技能作为中村教给我的基础里的重中之重，帮助我赢得了优等生的奖赏。我能感觉到教官指挥全班的战斗节律在减退和流动，我可以通过减慢呼吸和意识来调整我的压力，在混乱中保持平静的状态。在教官们对我们非常严格，或者给我们造成困境时，我通过密切关注他们的眼睛和面部表情的细微变化，培养了觉察能力。

我正在培养的意识技能也帮助我成为了一个天然的领导者，尽管在我进入BUDS项目时没有领导经验——例如，我能发现另一个学生失去了动力的迹象，当我突然知道他要退出时，我在我的情绪区域和心里都能感觉得到，然后看到他退出的想法显露出来。逐渐意识到我的内心使我能更清晰地把我的想法引向积极方面，我已经习惯了不说话，静静地用整个身心去倾听，只有在有人问我应该直接回答的问题，或者我要给团队提供重要观点时，我才说话。

我在离开海豹突击队之后再次进入商界时，由于每天进行瑜伽练习、武术和冥想练习（这个练习在科罗纳多啤酒公司破产期间不幸中断了），我的意识和直觉技能得到加速提高。如今，如果没有利用我的感官看一下他们要说什么，我不会考虑参与重要的会议或者通话。我开始练习控制呼吸，平静内心，然后观察我的身体，寻找内在状态和我察觉到的其他人和环境的潜意识信息。例如，我可能通过直觉感觉到有人不安或者不可靠，我就集中注意力盯住那个人的眼睛或者直接热情地和他们说话。或者我的直觉感到很紧张，在这种情况下，我就寻找有人不太诚实的迹象，更加警觉我能与之分享多少信息。我经常感觉到某些人消极、窘迫的能量，就尽量避开那个人，或者将影响最小化。当我感觉到某个人将我纳入了他的消极能量区时，我就离开那个区域。如果由于某种原因，我不能礼貌地请求离开时，我就设想我的身体周围有一个保护性的盾牌，使任何消极能量不能进入。这个办法在会议期间保持平衡非常有用。通过进入和打开你的感官来开发你的感官认知，我们把这个方法添加到你的练习工具箱里。

海豹突击队训练方法

——训练你的感官认知——

花一点时间，把双手接在两只耳朵旁边，闭上眼睛。现在只听，注意出现了什么。起初，你的呼吸可能像一列货运列车，你能看到图像和闪光。这是你甚至还没意识到这些内在的东西之前的时刻！把这个训练当做你个人的感觉剥夺箱。（如果你能进入其中的一个，务必要使用它。事实上，任何使你进入深度静默状态的努力——例如潜水、攀岩、跳伞或者越野滑雪——都能提高这种感官认知。）在黑暗中，没有噪音和视觉参照，你将进入深度感知和机警状态，在这里内心发生的一切都是大事件。接下来，把你的手从耳朵边拿开，静坐聆听，记下你最初听到的东西……然后更认真地听。你还听到了什么？然后再多做几遍。你会注意到你的大脑先前转到潜意识中的一层层的噪音，因为它们被认为是不相干的东西。

你可以采用一种强制性方式认真集中注意力，进入更深层的孤立感觉状态，为你的五种感官重复这个练习。例如，你在闭上眼睛或是在完全的黑暗中看到了什么？当你睁开眼睛时，你最先看到了什么？当你再认真看时，又看到了什么？

找出你的盲区

对于一个人的幸福而言，在精神上忠于自己是非常重要的。
背叛不在于相信与不相信；它在于一个人公开表明相信他不相信的东西。
托马斯·潘恩，英美政治理论家和哲学家（1737–1809）

更多地了解我们的外部、身体环境，以及我们的内部、感觉景观会帮助我们产生更强烈的直觉，实现与潜意识对话。但是我们怎么才能对我们收到的信息有信心呢？当你在混乱中需要采取果断行动，你怎么知道你的直觉值得信任呢？毕竟人的心理极为复杂——我们已经在本书中学过多种捕捉和引导心理力量的方法，但是这必然意味着它能妥协，是这样吗？

人生经历，尤其是来自童年早期的经历，能够在我们的心里保留很长时间。我们将一个事件的显著方面存储在我们的记忆中心——为了生存和发展，我们需要主动记忆，而大部分细节都铭记在很深的潜意识当中。当这些被铭记的细节慢慢被腐蚀时，往往形成消极或者破坏性的信念，然后在这个经历之后，多年以微妙的方式影响我们的行为。我亲切地把这些具体化的信念叫作你的“盲区”（Background of Obviousness，缩写为“BOO”），这是因为它们就藏在显眼的地方，对别人很显眼，而你却看不到。这个概念与盲点的概念有点相似，但是说到盲区，我们讨论的是未经检验的、破坏性的信念和驱使我们的不够坚决的消极情绪，与之相对的是根深蒂固的思维模式和制造盲点的行为。

例如，如果你的母亲对一些小事感到极度沮丧——比如你打碎了一个并不昂贵的、可有可无的花瓶——作为成年人，你可能发现你同样经历了长久的焦虑和频繁的发怒。对你来说，这些情绪和行为完全是合情合理和正常的，即使它们的发生毫无理由，或者与一个触发事件不相称。你还可能发现自己为避开冲突而走入极端，尤其是当你认为有人生你的气时。深藏的信念能够使你的潜意识用直接和间接的方式对抗你的有意识欲望。它们能够破坏你的直觉和决策信心，尤其是当形势紧张或者混乱时，例如在“打破常规”时。它们还可能阻止你与你的队友、股东以及那些你想要获取帮助或反馈的人进行交流——如果你无法通过自己盲区的信号听到别人说话，你就失去了优势，他们也是。

如果你想取得最大的成功，你必须保持内外一致。这个话题在本书中会反复提到，因为它对于许多获取效率最大化的技巧来说是个基本要求。这经常意味着你得重新联系或者重温你隐藏的经历。现在我们必须清楚——毫无疑问，极端情况（例如永久的绝望、有害的或者不计后果的行为和难以磨灭的羞愧感）应该找一个理疗专家来处理。然而，我通过我的各种意识训练经历发现，如果我们有正确的工具，我们自己也能做许多这种工作。你在探索原则二时建立的心理健身房，将成为你做内在工作的工具。在这里面，你有一个场所，不仅可以用来构想未来的你和你的目标，而且可以让你在安全的环境中重温你的过去。在心理健身房里，你可以重述你的过去，回想你是如何形成现在具有的信念和行为，许多这些信念和行为可能会阻止你，干扰你做出良好决策的能力。

这方面的一个例子是我自己找出了我的盲区。我在青少年时期，感觉自己与他人完全格格不入，很难建立深层联系。这导致了一系列痛苦的人际关系，在这种关系中我甚至远远无法满足我人生中出现的女人们的情感需要。在我快30岁时，这样的模式给了我非常好的挑战机会——我的女朋友是个理疗医生，她付出了长期的坚持，直至使我开始坚持用这种方法进行锻炼！但是，因为我专注于行为表现，不足以解决根本的问题，我觉得问题没有消失；相反，它发生了转变，并以不同方式表现了出来。我开始注意到，特别是在商业环境中，当我感觉受到挑战或者遭遇冲突时，我在谈话中都会处于异常紧张的状态。例如，有一次我在一个咨询公司工作时，一位更有经验的同事对我的提议表示怀疑。我的同事提出简单、合理的问题，让我思考我的假设——在反思过程中，她有一些非常好的观点，真正的解决方法就在中间地带。然而，我感觉她似乎在直接挑战我的智慧和能力。我的心跳加快，身体处于高度机警之中，准备战斗。因此，在回答她的问题时，我提高了嗓音，语调非常有进攻性，超出了当时情景的需要。

以上这些问题需要严肃的盲区工作；我不想停滞不前，永远重复这些破坏性的方式！我开始观察专业理疗师，也开始开发自己的工具。我使用心理健身房“未来的我”相反的形象化构想，重访了我年轻时代的某些事件——尤其是我在大约16岁时目睹的，我父母之间发生的一次巨大的交流崩溃，以及其它一些事件，我父亲在自己的盲区状态中，对一些小事失控，对我和哥哥发飙。我陷入更深的恐惧和与这些事件相关的愧疚之中——我的盲区——我很快认识到，这些“自我储存”的能量，既让我作为年轻人封闭起来，也让我作为成年人对关键性反馈产生紧张的反应。通过这个过程我对自己有了更好地了解，它所揭示的自我意识帮助我培养了我的性格，建立更好的个人交流关系和专业技能关系，其价值不可估量。

这种努力需要很大的耐心和勇气。你必须冲破阻力，从困难当中解脱出来！我将在本章结尾的练习部分带你完成这个过程。你在心理健身房中所做的事情，会让你通过情感和直觉接收你的直觉信息，因此你就能感觉到想法，而不是在思考他们。在你培养直觉时，如果你按照你的盲区和错误的信念开展行动，你的身体就会开始向你发出警示——它会有不对劲的感觉。

聆听你的内在智慧

> 思考很容易，行动却很难。像一个人思考的那样去行动是最难的。
>
> 乔南·沃夫冈·凡·哥特，德国诗人和政治家（1749–1832）

胃通常叫作“小大脑”，因为它含有数百万个神经细胞。基本来说，胃能探测出你是否有足够的血液循环消化食物或者在你饿了的时候告诉你，但是更微妙的是，它为你提供一些关于你身体其余部分所发生情况的信息，这通常是对你的潜意识信息的反应。如果潜伏的危险离你很近，或者如果有些东西只是不对劲，你身体的一部分就知道了，并且感觉到了。你的胃部收到信号，把血液转移到身体末梢，使其为行动做好准备。你的大脑可能还没意识到威胁，但是能感觉到胃部的抽搐。相信直觉就是学习怎样倾听和了解这些信息。当你的直觉感到紧张或者不适时，你就知道什么地方出问题了。如果感觉良好，你可以信心十足、镇定地继续进行。

当你完成本书描述的练习时，你对潜意识会更了解，并与之更亲密。这个过程的下一阶段是为你的潜意识打开通道，更清楚地与你交流——这是一种你的直觉在其中流动的结构，它提供了比你直觉中的简单感觉（虽然这可能是信息的重要部分，尤其是在关键时刻！）更详细的信息，这是清理任何行李（可理解为：盲区元素）的工具，使你目前的决策过程变得模糊。好消息是，你已经有了这个结构和工具——你的心理健身房！你利用原则二学会了如何建立你的心理健身房，这对于你促进形象化练习是非常有价值的。在本章结尾练习部分，你将以更容易接受的方式学会利用心理健身房，以便打开你的意识和潜意识之间的联系，深化你的意识和直觉技能。因此，我们最终会向两个目标发展心理健身房：第一，建立心理健身房的过程和每天回到这里进行心理投射和预演，促进你的形象化技能，巩固你的内在结构，使它让你更有力量；第二，心理健身房给了你的内在意识和直觉训练更多的空间，使其更真实。不管你用任何方式使用它，心理健身房都是你成功的助推器。

当你深入分析一个重要的决定，把它归结为几个选项，但是不能用雷达锁定哪一个最好时，你可以利用直觉进行最有效的决策。在你的高级练习中，你可以邀请一位想象的教练或者顾问进入你的心理健身房，为你提供指导。你可以等着看谁会出现，或者这位顾问可以是你在现实生活中认识的人，你信任的人，但是不再和你在一起了（例如你聪明但已故的祖父），或者一位过去的重要人物（拿破仑·希尔在其重要著作《思考致富》中谈到亚伯拉罕·林肯是他的心理顾问，约瑟·席尔瓦在他内容广博的著作《席尔瓦大脑控制法》中讨论的，他让他的孩子邀请一位想象的顾问进入他们的冥想空间）。顾问允许你问关于"在这里"可觉察到的人的问题，而不是看不清的、"在他处"的东西。在我的经历中，这个练习产生了非常积极的影响。

当我在寻找灵感爆发或者应对挑战的解决方法时，我经常坐在一个安静的房间里思考办法。首先，我尝试用我的心理分析解决挑战，包括通过使用原则三练习部分，使用诸如PROP方法（优先、现实、选项、路线）之类可能的解决方法进行的研究和思考。当我遇到障碍时，我用语言或者图画描绘出我的挑战。然后我到冥想处，做几分钟箱呼吸，之后参访我的心理健身房，构想挑战——有时候我问顾问，有时候我只是坐在那里，等待形象或者词语显示在健身房的投影屏幕上。这是一种警觉冥想，我在这种状态中并不是想停止心理活动，而是观察当我的大脑进入阿尔法状态时会出现什么。解决方法经常自己会出现，有时候需要几分钟，有时候则需要几小时，有时候会在晚上做个梦。我也是用这种方法帮助发现机会，例如用上文"找到机会"的练习方法。

当你在心理健身房做这个练习时，任何需要你静坐思考答案、想法的形象化练习或者实践都会得到促进。尝试做你目前已经学会的练习和训练，把它们综合成一种在心理健身房冥想的练习，以提高其效率，继续锻炼你的意志力和直觉。

海豹突击队心智锻炼法7

唤醒直觉

用原则一练习部分描述的过程，进入你的心理健身房，在那里停留一会儿。为有这个场所做心理训练和你人生中所拥有的一切表示感谢。接下来，邀请你的顾问进入你的健身房。你不必事先知道这是谁；事实上，如果你没有理性的概念知道这是谁更好——只看看是谁露面！当我进入这个过程时，一位带着勇士力量的长发老人——我觉得是一位阿帕奇侦察兵——到场。直到现在他还是我的顾问。当你的顾问到达时，向他或她表示感谢，邀请他们和你坐在一起（我在我的房间里有一个专用座位），然后提出你的问题。不要期望马上就开始进行交谈，虽然我的许多学生承认与他们的顾问进行了丰富和有收获的交谈，顾问传授了他们以前不知道的知识。相反，你可以接收图像、大量的情感或者只是一种正确答案的强烈感觉。当你完成这个过程时，一定要感谢你的顾问为你付出的时间。

这个练习肯定需要一种信任元素，但是，一旦你与顾问相处融洽，我猜你会发展一种良好的合作关系，这种关系会服务你一生。我建议你手头有一个现成的记事本或者录音设备。把它放在床边，尤其是在心理健身房里提出一个问题后，以免忘记答案，因为答案有时出现在梦中，或者你入睡前和醒来时。

在紧要关头，如果你分析了某个形势，不确定前面要发生的事情，认真尝试设置一个简单的可置是否的问题，以便回答这个问题。积极陈述问题，确定你为了所有相关者的利益，在问内心的自己。感觉到一种炽烈的欲望，想知道这个问题的最佳答案；不要在琐碎的问题上或者你不关心的问题上浪费能量。然后把你的问题带到心理健身房。

例如，在读完这本书之后，你可能很受触动，要重建你的团队。比方说你在讨论是否要雇一个新的营销副总裁。进入一个安静的房间，坐下来，参访你的心理健身房。一旦进入你的心理健身房，提出问题（如果你有顾问，问你的顾问）“某某人是这个角色的合适人选吗？”你一提出问题，密切注意任何形象、情感或者产生的任何感觉。如果没出现任何事情，结束练习（不要忘记总是要感谢顾问到场），然后密切注意接下来的24小时。你常常会在胃部有拖拽感或者收缩感，这意味着“不是！”，突然的解脱或者出现豁达、放松的感觉意味着“是的！”。你也可能在脑子里看到一个符号或者图像。再次关注与图像关联的质量和感觉。如果你看到了火车残骸……哦，把这个图像收起来吧!

下面是一些高级小贴士，帮助你确保心理健身房练习的效率：

1. 在你进入心理健身房构想目标之前，你必须非常清楚你想要什么，用肯定性的术语将其描述出来，就像它已经发生了。然后，你必须把形象化与这个过程能帮助你完成目标的信念结合起来。

2. 你想要在形象化中实现的东西和你的盲区信念告诉你的东西必须保持一致。如果你构想一个金融目标，但是你在潜意识里告诉自己你实现不了或者不值得，这样会抵消形象化的积极作用。你必须在进行形象化构想之前消除与你渴望的结果相矛盾的信念。在这种情况下，你想要利用心理健身房找出你的盲区，还要在重新练习“看见、相信和实现目标”之前，播下有价值的种子。

3. 你必须培养从潜意识中认知和接收信息的微妙能力。这在一开始是很难的，但是如果你抱着开放心态运用心理健身房技巧，经过练习和体验，就一定会成功。邀请“顾问”进入你的心理健身房会有帮助的。

4. 在完成心理健身房练习之后，你会对同步发生的事情和对你开放的大门采取行动。一旦你对你的内在智慧开放，学会通过积极的形象化控制潜意识的印记，就会更容易产生洞察力，万事万物似乎经常与你的潜意识联手取胜。

清理你的盲区

在一个叫作“扼要重述”的练习中，传说中的托尔铁克人要求他们崭露头角的勇士们参与这个过程，包括他们生命中的每一个事件，一直追述到他们出生！我不要求你做得那么极端，但关键是遵循海豹突击队成功之道的勇士们应该按照自我意识行事，不受到他们自己的问题、消极心理和情感负担的阻碍。我建议你开始一次盲区练习，只要你的形象化和神圣静默技能支持它（即当保持清晰、安静的头脑至少5分钟的时候，能把一些感官细节带入形象化，而不会受到心理躁动的干扰），从每周一次开始，然后根据你盲区的强度增加或者减少频率。在你清理了最初的大部分消极情感负担之后，把这个练习纳入每年由一位专业理疗师进行的“彻头彻尾大检查”中。我一会儿将提供一些评价你进步的指导建议，但是，首先得做练习。

练习如下：使用与前文中同样的过程，使自己安静下来，进入你的心理健身房。一旦到达那里，大声说出或者在心里默念你要探索盲区的意图。现在，不要把你的未来愿景投射到心理屏幕上，让你的内心回想过去你生活中不舒服、不愉快或者非常痛苦的事件。如果有你要回访的特定事件，你可以直接到达那里。否则，让任何出现的事物成为你关注的焦点（作为选择，你可以从心目中的一个特定的行为或者一个事件开始）。当你静下来思考时间和地点时，让屏幕上的形象放慢状态，然后把形象混合，好像你已经回到过去。用你的全部感觉，使经历具体化，好像你此时此刻就生活在其中。

注意你身体里产生的任何感受和情感，尤其要注意它们在何处显现，造成了何种水平或程度的不适。这些反应是一些线索，能帮助你发现消极情感能量储存在哪里，以及它们有多么强烈。位置变成了余下练习期间的意识重点。例如，你可能经历过胃部有恶心的感觉，或者你可能注意到你在胸部绷紧时心跳会加快。强度将说明问题的严重性。用1到10的等级评估一下你的反应强度，1表示不太强烈，10表示非常强烈。如果反应值为10，说明这个问题对你的影响非常大，你需要花费大量时间解决这个问题。如果反应值为2，你可以较快地处理它，然后继续前进。

接下来，把更年轻的你带入现在，在你的心理健身房里与现在的你相会。换言之，如果你在10岁时遭遇了痛苦的事件，设想你10岁的自己站在你面前。当你能看清楚你年轻的自己时，跟他/她谈论引出的事件。告诉他现在一切都好了——这不是他们的过错，事情已经结束了，一切都是情有可原的。告诉他/她可以释放自己的痛苦，放下焦虑的情感。你甚至可以想象拥抱年轻的自己，或者用其它方式安慰他/她。最后，在你非常感激地向年轻的自己告别之前，让他/她与你现在的自己融合到一起。你可以接受同意，甚至还可以想象你的两个身体融合到了一起。

如果所有这些对你来说听起来挺可笑，只要尽心做就可以了。相信我，这是一个强大的练习。当我为自己生活中很痛苦的某件事进行这个过程的时候，我年轻的自己感到非常轻松，他/她上下跳了起来，还做起了侧手翻！

这个练习的最后一步是把原来的事件投射到你心理健身房的屏幕上，再次构想你年轻的自己和其他任何相关的人。让屏幕慢慢展开，观察图像中的任何差异或你的感受如何。你年轻的自己看起来压力减轻了吗？他或她的身体语言更有力量、更自信了吗？事件中其余的人看起来不那么令人害怕或生气了吗？把你的意识带到你发现存储情感的位置——现在感觉怎么样？再次给强度评级，与你首次的评级进行比较。你应该感到压力减少，哪怕只有一点儿。你想要重复这个特定事件的过程，直到你年轻的自己呈现得完整而且健康，第三方人士不再构成威胁，而且你存储的消极情感已经消散（意味着现在的强度降到1或0）。

很可能有一些盲区问题过于根深蒂固或者让你感到畏惧，不知该如何处理，这时你就需要一位受过训练的心理理疗师来帮助你，我建议你寻找一位受过EMDR（眼动脱敏和再加工治疗www.emdr.com）的人，这是一个通过神经系统处理盲区工作的理疗过程。**为了你的安全：**如果你在童年时期身体或者情感遭受过严重的虐待，不要尝试在没有专业支持的情况下用这个方法进行“自我冥想”。

你可能想知道做这个练习的候选队员都有什么问题。我的预感是你已经感觉到了你的盲区挑战。每个人的经历和性格都各不同，但是要搞清楚你可能有的一些盲区问题，就从观察你的一些明显性格特征和对某些事情的反应开始，例如在你的健康、能力、人际关系和幸福，受到极端或者不合理的愤怒、欺凌冲动、长期的消极状态（关于你自己或者一般意义的世界）、抑郁或者不健康的性行为等因素的影响时，你所表现的性格特征和反应。如果你足够勇敢，向你的配偶、最要好的朋友或者医生寻求建议——通常其他人对我们盲区的影响比我们自己看得更清楚。

真正的交流

这个练习对于培养你的直觉能力非常有效，因为你拓展了关于其他人如何用非语言形式表达情感，以及你如何做同样事情的意识。这个问题的实质是对你的交流搭档所说的话保持“集中意识”，同时对你、对他或她所说的话做出回应的想法和感觉保持放松意识。注意，你的内在意识作为深化感觉意识和情绪弹性的天然产物会变得更好。然后，当你感觉需要说话时（当你经常做这个练习时，这种现象发生的频率会大大减少），你会在反应之前暂停，而只有在下列情况发生时，你才会张开嘴说话：

- ❑ 你要说的内容是真实的
- ❑ 你要说的内容有价值，对交谈有帮助
- ❑ 你要说的内容是积极的，来自一个尊重和真正关心第三方的地方

THE WAY OF THE

SEAL

原则八
始终保持进攻性思维

PRINCIPLE 8 : THINK OFFENSE, ALL THE TIME

不要走别人走过的路；
去没有路的地方，踩出一条路。

——拉尔夫·瓦尔多·爱默生
美国散文作家和诗人（1803－1882）

对于大多数人和团体，尤其是企业来说，采用防御性思维模式是很普通的现象。当出现问题时，他们会停下来并准备安然度过风暴。我的想法是你永远不要陷入防御性心理——你不可能指望得到最好的结果，然后就等着看事情发生。相反，你要观察战场，做好发生意外事故的最坏打算，在机会出现的第一时间采取行动。不管发生什么情况，你总是准备好了采取行动，每次你步入竞技场，就知道并期望你能赢。为了完成这个目标，你必须把你的态度重新调整到“进攻性思维”模式。

在我们的团队、家庭和社区内部进行人员互动就够困难了，但是当我们跨越文化界限，与其他团队、家庭和社区进行互动时，显然会造成更加混乱的状态。人际关系的误解、商业冲突、国家之间的战争都是人类经历的一部分，将会持续很长时间。虽然在人际、团队和组织层面寻找多赢的解决方法非常重要也值得称赞，但是到了地缘政治和跨国公司的层面，其难度也是可以理解的。这就是我为什么相信海豹突击队使用的非常规战术、策略、工具在有了进攻性思维模式后得到了加强，这些为领导者在全球舞台上发挥作用构成了一个有价值的工具箱。全球化进程加快，把我们放到了国际舞台上，这些技能对于中小型企业也将会很有价值。

当在一个更像战场而不像会议室的环境中面对开展业务的混乱状态时，

我说，不要抱着你能赢的希望——按照对你有利的方式发牌。用进攻性思维模式获胜的高级技能包括：

- ❏ 培养坚定的信心
- ❏ 让意识更敏锐
- ❏ 做出人意料的事
- ❏ 快速敏捷地执行

无论在家、在工作中，甚至是外出消遣，你如何思考与应对机遇和威胁会决定你是胜利者还是受害者。命运会随时随地打击你。为了取得海豹突击队成功之道的成功，你必须培养你的赢家态度，成为更有进攻气质的领导者。

培养坚定的信心

> 预测未来的最好办法是去创造未来。
>
> 亚伯拉罕·林肯，美国总统（1809－1865）

你可以回忆一下我们关于情绪弹性的讨论，在海豹突击队三队时，我参加了SCARS项目——300个小时的进攻性思维模式训练和徒手搏斗，进行了三十多天。这是我的第一次“自信心课程”。我的武术训练教给我许多有价值的方法和经历，但是我知道我还有很长的路要走。主教官杰里·彼得森对我说，“马克，你得忘掉那些空手道语言，否则你就死定了。”空手道训练的防御属性使我背上了防御性语言的包袱，会在不经意中使我的身体反应变慢或者对真正的威胁和机会失去反应能力。我现在明白，为了改变我的行为，我必须改变我的语言。

这比只喂勇敢狗，保持积极状态更深刻。你可以抱着积极的态度，仍然使用弱一些的词语描述你的无助。当我使用诸如防守、封锁和偏离之类的词语时，我的内心向我的身体发出了撤退、保护和减慢速度的信号。词语会激发意象，所以我心里的形象也是防守的和弱势的。我没有意识到这一点，我低估了自己全力以赴的能力。

这令我非常惊讶——虽然我清楚地确定了要通过海豹突击队训练的出发点和身体的力量、前瞻专注力和意志力，但我还没有设定获胜的程序。我理解在关键时刻进行积极自我交谈的概念，但是还没有扩展这个概念，去根除我的词汇中弱势的、防御性的语言，用更强的、进攻性的词语进行替换。如果你也是这样，咱们就一起练吧。

海豹突击队训练方法

—— 改变你的话语　改变你的态度 ——

对你日常使用的语言做一个实事求是的评估。你使用否定的或者“不够坚定”的话语吗？注意下表中第一列词语在你心里产生的形象。现在把这些词语和第二列词语产生的形象进行比较。差别很大，是吗？写下你经常使用的保守的或者消极的词语，然后写出一个积极的词语来替换它。用你自己的两列重复形象练习，确保你走上正轨。每天练习使用新的语言，每周把你的发现用日记记下来。坚持做下去，直到它变成一种新的习惯和你的第二天性。

防御	进攻
好	棒极了
封锁	打击
撤退	猛扑
不能	将要

尝试	做
失败	学会
可能	肯定

培养意志力

杰里让我们理解保持积极心态，使用进攻性语言的必要性和保持占上风的策略，使敌人失去平衡，处于守势。当他给我们展示实验模型时，任何看起来甚至显得保守的情况都会遭遇“暴力行动”（海豹突击队的术语，应用于军事问题的受控进攻）；他挤到我们中间，好像我们是奶油做的似的，证明了防守性思维模式如何减慢你的速度。他还试图激怒我们，使我们能够面对情感包袱，并让其得到更好的控制。

我们30个人经常全体排队站在海豹突击队院子的沙堤上，在队伍中来回打斗连续一个小时，没有停息。当我们想要停下来时，教官敦促我们继续打下去。有一个教官是海豹突击队员，名字叫卢·希克斯。卢特别富于攻击性，我觉得他喜欢让我做范例，因为我的技能发展得比较快，所以我为他提供了很好的挑战。在第20天的时候，我的动作和风格已经非常流畅，而且更有信心，更有攻击性。卢决定通过几次超级艰难的打斗过程打压我的方式来对我进行测试，当然，他激发了我的情感回应。坦白地说，我想杀死他。正当我要对他施加令人印象深刻的技能时（我可能要说，这是亏本的买卖），我的大脑里回荡着我的指导老师中村大师的声音，重复着杰里的建议：“空手道专家（理解为：勇士）一定不能失去对大脑和情感的控制。”我能用我的意志力技巧对我的情感重新检查，继续训练。注意到我重新恢复了信心和冷静，卢很快就失去了兴趣，转而去折磨另一个学生。

在最后的10天里，我特别注意尽可能保持进攻性思维，同时利用我的意志力工具箱保持情感控制。这两个人必须手拉着手：进攻性思维模式是允许你集中情感能量的载体，以一种受控的方式，指向目标。一种受到训练的、强烈的情感状态，在战斗中，非常像对着未受训练的眼睛发怒，这种眼神非常吓人。然而，这不是愤怒，而是受控的能量。此后我一直努力培养更多的情感控制和适应力。

通过进攻性语言磨练并受到情感掌控和意志力推动而具备的坚定信心，你会在通往海豹突击队式的进攻性思维模式的道路上顺利前进。但是人脑特别复杂，有许多能够制造潜在心理陷阱的生存机制。这些陷阱能将你绊倒，让你的努力半途而废，不管你感到自己多么富有攻击性。

避开心理陷阱

进攻性思维要求你做出快速判断，坚定的信心要求我们能相信这些判断。然而，我们都遭受某些心理陷阱的痛苦，使我们做出非常草率的判断。心理陷阱能把重要的决定性选择变成感知缺陷的地雷。当你知道地雷在哪里时，你可以避开它们，带着海豹突击队员的活力和坚如磐石的决心前进。

或许最普通的心理陷阱是“确认偏见”。简言之，一旦你相信某件事是真的，你就会寻求确认依据来支持你的观点，对于相反的证据都视而不见了。确认偏见只是我们可能陷入的许多心理陷阱之一，它干扰了我们尝试良好的决策。其它需要注意的常见心理陷阱包括：

- **避免你怀疑的事情，而不是去调查它们。**这方面一个好的例子是瑜伽。多年来，大多数美国人认为瑜伽仅仅适于妇女、懦弱的人或者头戴毛巾的怪人。事实上，它是一个非常先进的个人发展计划，会对你产生推动作用，改变你的生活。我教海豹突击队健身训练项目数以千计的学员学习瑜伽，包括许多海豹突击队员，帮助他们打破了这个神话。
- **感觉你亏欠赠与你东西的人。**想一下黑尔·克利须那在机场分发鲜花，或者慈善机构寄给你的免费地址标签。我们被这些明显的操控行为所左右，因为我们感觉在收到免费的东西后有义务与之交换什么。

- **相信如果有些东西对你认识的人有好处，那么它一定对你也有好处。**当这种确认偏见大规模发挥作用时，表现为“从众心理”。虽然确认偏见的参照形式对事情有好处，但是如果参照不合适（如果你和参照者的需求或者性格不同，你就不可能对同样的事情感到满意），或者如果大众离开了悬崖走向庞氏骗局，它可能对你有反面影响。

- **在行动之前等待社会验证。**这是相反的从众心理——对于新鲜事物，许多人要等到大多数人做的时候他们才做，例如对于新技术或者时尚潮流等。你如果放任这种倾向可能会坐失良机。沃伦·巴菲特的名言是市场投资的时机是当所有人都退出时买进，当所有人都买进时退出。

- **一旦拥有了就抓住不放。**这个陷阱导致人们握住下跌的股票不放，或者采纳失败的经营理念，使其陷入深渊。深受这种心理陷阱之害的人永远不会对什么事情放手——即使有充足的理由可以这么做。

- **放大权威人士的建议、思想和决策的价值或其真实性。**这种倾向反映了一种把因果关系和信仰联系起来的愿望。不幸的是，工作或者级别与明智决定之间的因果联系在统计学上是不相关的。要永远怀疑权威！

关于一些优秀的心理陷阱补充读物和规避它们的范例，我强烈建议你读一读丹尼尔·卡尼曼的开创性著作《思考，快与慢》，该作者荣获了2002年度诺贝尔经济学奖。还要看看身家三百多亿美元的沃伦·巴菲特公司副总裁查理·芒格的著作，他还发表了关于这个话题的许多见解深刻的演讲。如果像巴菲特和芒格这样的亿万富翁都不完全相信自己的心理，你和我也当然应该非常机警。

启动你的雷达

> 人生的终极价值取决于意识和冥想的力量，而不仅仅是生存。
>
> 亚里士多德，希腊哲学家和博学者（公元前384－公元前322）

在我二十多岁时，我错把鲁莽当做信心。作为工商管理硕士和新晋黑带武士，同时还是一个海豹突击队的候补队员，我自认为非常了不起。后来一天晚上，当我寒假期间离开候补军官学校休假时，我学习了我的下一门课程。在新年前夜的普莱希德湖，我们全家人在家里度假，我和弟弟布拉德在快要打烊时走进一家酒吧——这个时间比我们要出去的时间稍晚一点。我刚理过发，可能抱着一种"新鲜"的态度，这种态度可能会打扰到当地人（最近，这事也会让我烦恼）。我点了一杯饮料，看到漂亮的酒吧服务员时，朝她笑了笑，询问了她的名字。说实在的，我刚刚从感觉像监狱一样的地方出来一个月（军官候补学校不允许太多的社交活动……实际上根本没有社交活动），除了我弟弟，我还想找一个与之交往。但是她看起来给人的印象并不深，她喊道："吉米，又来了一个！"我不知道她在跟谁说话或者是什么意思，但是后来回想起来，她明显是不感兴趣。

突然，一个很敏捷的小个子家伙，不到30岁，从后面朝我飞奔过来，用胳膊紧紧地勒住我的脖子。在很晚的时间和渴望得到异性的关注之间，说我放松了警惕性那是一种保守的说法。这次袭击使我非常惊愕；我大脑里部分意识希望整个事情是个误会。最后，在我就要昏厥时，我开始与那个家伙搏斗。太晚了。我昏倒在地板上，要不是我弟弟马上从洗手间出来，我可能就被整死了。过了一会儿我醒过来时，从地板上站起来，感觉自己就像个傻子。我看见我弟弟与袭击者正处于紧张的对峙之中。我抓住布拉德的胳膊，为了避免再起冲突，我拖着他离开了那里。

那个时刻是我人生的一个转折点。直到那时，我仍然很诚实地认为我可以在任何情况下与任何人对峙都能保护自己——真见鬼，我甚至有空手道的黑带。在随后护理脖子的两周里，当我回忆起当时的情形，我意识到空手道训练只是个开头。事实上，意识——不仅能打出重拳——作为一种避开危险和冲突的技能，作为尽管你竭尽全力却仍然陷入困境的生存技能，有更高的价值。我理解如果我培养了始终警惕周围环境的能力，真正的、坚定的信心就会到来，所以我永远不会丧失警惕，再次陷入困境。

在团队中，我们使用“库珀颜色系统”（根据库珀中校的名字命名，库珀把它用于射击训练）来让我们的意识像一部内置雷达一样更敏锐。每种颜色都代表不同的意识状态，从无意识到暴力行动。白色表示完全缺乏对周围环境的意识，黄色表示机警状态，搜寻威胁和机会，橘黄色表示加强准备状态，准备战斗或者必要时加快速度，最后，红色表示完全投入行动……开枪，行动。

海豹突击队把保持黄色状态作为基准线，以便我们在发现敌情时能快速行动，袭击敌人。我建议你也这么做。由于你可能不会面对生死考验，那么你需要意识到什么样的威胁或者敌人呢？你的敌人是竞争对手，不管是伺机对你的工作造成不利的个人，还是其产品和你的产品在某个市场上竞争的组织。任何东西都可能是威胁，从市场正在发生变化的警示迹象，到竞争对手的最新产品已经上市，对你的产品造成打击，再到国际金融系统崩溃，有可能意味着你的公司要解雇员工，甚至破产。

本章结尾的“黄色雷达”练习和填补机遇空白的概念整合，能培养你的情景意识，同时也能增强你的内在意识。但是，像海豹突击队员一样，你必须学会在意识到面临的威胁时，行动要敏捷，有闯劲。你还必须通过创新和适应的方式利用机会优势，出其不意地让你的竞争对手失去平衡。

做出人意料的事

规则是为不愿意自己制定规则的那些人制定的。

查克·叶格，美国空军陆战队退役准将（1923- ）

我们利用原则六学会了怎样打破常规，以便可以重新改善局面。现在我们需要重新形成思维过程和看世界的方式，以便能够出人意料地得到非常规（理解为：非凡的）的结果。

出人意料根本上要求你要从一个与所有人都不同的角度看待世界。当你训练自己看别人看不见的事情时，你必须开启你固有的创造性。人们一般都希望别人遵循“规则”，字面意思可以是竞争中的规则，或者有点儿像文化标准中那样更抽象的规则。所以，这自然说明了，出人意料往往意味着打破常规。海豹突击队有一块空白的黑板，写着“所有的选项都是公开的”。我们不遵循敌人的规则，甚至我们自己的规则，如果这些规则太陈旧或者不够完整；我们不固守现状，不喜欢用墨守成规的方式做事情。

非常规性思维模式的重要属性是知道何时应用、何时不用的能力。在道德界限内打破常规是一个独特的高水平技能，它允许海豹突击队员利用机会，而其他人不期望他们有这个机会，或者他们甚至不想寻求这个机会。当个人、文化或者系统陷入始终以相同方式做一件事情的状态时，就会有巨大的机会发现一种方式潜行于内或者通过它们的路径。情况越是极端，例如彻底的战争，越是容易更极端地打破常规。当我参与BUDS计划时，教官喜欢说：“迪万，如果你不作弊，就不要尝试！”他们不是要我和队友们说谎或作弊，而是通过挑战可接受行为准则界限的方式不按常规出牌。

让我表达得更清楚一点，我并不是建议非道德行为，而是建议非常规行为。能有明确的界限吗？当然有。海豹突击队也了解了严格的伦理基础（回想前文中海豹突击队的精神气质），这种气质让他们清楚，什么样的规则适合打破，以及什么时候适合打破。

什么规则应该打破

根据这一点，你有很强的伦理基础，有自己的立场和原则。它们结合起来创造了强有力的出发点，确保你站稳立场，看准正确的前进道路。根据上述情况，什么样的规则可以打破？答案并不简单，因为这个问题确实得依情况而定。一般而言，需要打破的规则有以下这些：

- 体现了脆弱的行为模式的规则，可能是根据过时的思维模式建立的，或者是影响你的表现的结构（例如由公司“老资格者”期望建立的行事方式，这些人还没有接受提高生产力或者效率的新技术）。
- 蒙蔽了你或者你的竞争对手，或者无意中限制了完成任务的完美选择（例如有一种普遍的军事观点，认为民用设备不适合特种作战——这是海豹突击队三队指挥官麦克雷文打破的一种“规则”，他在1990年代决定使用水上涂黑消音摩托艇作为战术手段）。
- 根据我们的世界观判断为过时的、不切实际的、不道德的、与国际上普遍接受的标准相对抗的，或者特别愚蠢，容易利用但是效果甚微（例如，一位阿富汗妇女找了一份将要与男人一起共事的工作就违反了本国文化的规则，虽然在非穆斯林国家少有雇员支持这个约束标准）。

退役的海豹突击队队员兰斯·卡明斯现在是我的海豹突击队健身训练教官，讲述了他的一排人突破海军的一个设施，检验它的安全性和戒备状态。海军方面知道检验的信息，加倍加强了安全防范措施。卡明斯和他的队员们预见到这一步，所以向当地的消防部门求援。那天晚上晚些时候，他们驾着新征用的消防车，鸣响警报器，直接驱车进入基地大门。海军不知道他们已经被欺骗了——因为门卫没有学会打破常规，除非强迫他们。

海豹突击队打破了海军的文化规则，即海军强调命令和纪律，拒绝规避已被接受标准的文化规则。海豹突击队最关心的是完成使命。他们非常规的方法完全满足了他们的需要，虽然他们使几个海军门卫陷入了窘境。

还有一个类似的故事，在2004年我被派往伊拉克作候补军官，我得知海军美国特战司令部分遣队被派往海豹突击队一队，他们乘坐沙漠专用车到达。我不知道他们怎么完成使命，因为这种卡车根本不适合海军在巴格达的城市环境中使用，因为这里面临高爆炸弹的威胁。不幸的是，海军采购系统需要花6个月时间才能把悍马装甲车送到他们手里，他们看起来非常无助，因为他们待在车里甚至不能离开大院。到时候分遣队就得灰头土脸地回到美国。

对海军来说幸运的是，海豹突击队为了确保他们的队友能够按计划打仗，他们不介意打破常规，指挥官在每日行动例会上一听到那里的情况，就转向被他亲切地称呼为“物资重配专家”的准尉约翰逊，简单地对他说：“巴特，马上行动吧。你知道该怎么办。”约翰逊微笑着，向一位海豹突击队下级发出了指令。一个星期后，我看见10辆悍马装甲车开进了大门。当海军把自己装备起来加入海豹突击队时，他们既惊讶又非常感激。指挥官为了感谢给海军“捐献”悍马车的国民警卫队，给了他们三倍的回报。

海豹突击队训练方法

—— 知道何时打破常规 ——

用下面的问题确定一些打破常规的界限，以及何时打破常规：

1. 根据你对什么是道德的定义，这个规则是否合乎道德？

2. 在你的法律体系中，这个规则合法吗？

3. 你可能会看到的打破常规的上限是什么？

4. 如果被“当局”抓住，打破常规会使你陷入严重的困境吗？

5. 在这种情况下请求宽恕比请求许可更好吗？

6. 如果你打破常规会有人受伤吗？

7. 如果有人受伤，只有坏人吗？

8. 可能发生的最糟糕的事情是什么——如果你第二天在《纽约时报》读到这则消息会是什么结果？

哪些规则被打破了？哦，主要是海军军团和国民警卫队指导程序系统的那些规则。然而，任何打过仗的老兵都会微笑着说，“没有什么大不了的，战争中，打破常规的事随时都会发生。”这也是我的观点。海豹突击队通过避开系统打破常规，海军通过接受和使用悍马打破常规，国家警卫队通过首先把资产转签给海豹突击队的方式打破常规。但是没有人在乎，因为正在打仗，和平时期制定的规则阻碍了任务的执行。最终，某种情况的背景是改变规则和程序的决定性因素。在这种战斗场景中，没有人会向准尉发起挑战，因为他所做的事情对于高优先级别的使命非常关键。然而，在和平时期，他的这种行为会被关禁闭的。

需要立刻打破的规则

非常规思维也要求我们调查驱动我们行为的规则，打破那些不再满足我们需要的规则。当我们打破规则时，它会激发我们的创造力，实现创新和更好的结果。为了开始把你转入进攻性思维模式，我们来看看一些普通的规则，探索我们如何用不寻常的方式利用它们。打破这些规则，你就能通向更大的成功。

打破常规1：做一个优秀的多任务执行者

在你没有收到这则新闻的情况下，高效执行多任务的神话就已经破灭了。然而，它仍然对我们有强大的控制力，尤其是iPhone和其它智能技术的出现，将我们的大脑注意力分散到许多时髦的事情上，而不是在此刻全神贯注地做某件事情。虽然你的大脑有可能在处理一系列的多个任务，例如嚼口香糖的同时摩擦肚皮，但是你每次只能全神贯注地做一件事。根据《一件事》的作者加里·凯勒的观点，由于喜新厌旧的心理倾向，执行多任务会导致更多的错误；时间意识的扭曲，比实际需要花更长的时间才能完成重要的事情；当你在任务之间（凯勒估计要损失你28%的工作日！）来回跳转时浪费了时间；花在每项任务上的脑力减少，而且还冒着在所有的任务上表现欠佳的风险。最后一个有趣的现象是，凯勒的研究发现，多任务执行者没有那些每次集中精力做一件事情的人那么快乐。

打破常规2：好人总是吃亏

我是个非常好的人，但是如果你看见我在科科罗训练营开始时面对一个新课堂的样子，你大概就不会这么说了。那时，随便一个路人都很容易错把我当成怪物，即使我的脑子里没有消极想法。集中精力的决断常常被误认为是严厉、冷漠，甚至是卑鄙。这很好：既和蔼又全神贯注，决意去赢，是可以同时做到的。在全神贯注的紧张时刻，每个重要的人（实际上是认识你的那些人）都知道你在全力以赴，并不想表现欠佳，即使你看起来好像是那样。“好人”在我们的社会和组织里的典型含义是你做事情过分热情；你屈服于同伴的压力，向老板卑躬屈膝，考虑打平局，为了讨好他们，允许B角演员待在团队里，这些都是平庸之人的作法。你没有必要为了获胜低三下四，好人没必要总吃亏。

打破常规3：越多越好

这一点实际上在极少情况下是对的，但是在我们这个社会是主流信仰。把更多的责任推给了往上爬的人，虽然这么做可能不是为了个人或者组织的最佳利益。在“市场”眼里，企业越大越好，但企业越大，它离原创使命、投资者和股东就越远。你在你的计划列表里添加的任务、承诺、项目和领导角色越多，你实际能完成有意义的工作就越少。更好的办法是应用KISS原则，只做那些与你的主要生活和工作目标一致的事情。在组织层面的原则也同样：把你的日常工作缩减为一到三个主要任务，使之与你的目标一致，并起关键作用，努力把更少的事情做得更好。

打破常规4：公平竞争

你以为在当地酒吧喝醉了埋单时能够避免受骗吗？你能指望和你有竞争关系的同事向老板汇报工作时能为你的项目和结果提供对你有利的细节吗？战斗行为本身（理解为：竞争）就不公平，所以没有公平竞争这种事。如果你必须战斗——不管是真正的战斗，还是董事会的争吵——你都必须用自己的方式发起进攻，打破常规。这意味着你必须有攻击性，出其不意，迅速击溃竞争对手。然而，你在合作的同时也要有强烈的竞争意识。在海豹突击队，我们每天在一起训练——非常富有合作精神，团队凝聚在一起努力。然而，每个训练任务都是一次破釜沉舟式的竞争，以促进战斗强度和获胜精神。最好的企业之间都有这种相同的竞争与合作之间的平衡。这种平衡要求你对自己的技能和能力抱有坚定的信心，因此你能在这个过程中帮助别人，而没有冒丧失自己获胜机会的风险。

打破常规5：永远讲真话

我已经听见怒吼声。但是严肃地说，看过这些话语的人谁没撒过谎？我的观点是，关键是要知道哪种真话要讲给谁——全部的，部分的，还是一点真话都没有。通常为了保护自己人或者欺骗敌手的好方法就是过滤真相。有时候最好保持沉默，让人以为你是傻瓜，也比公开和证明其真相要好。这方面的一个例子是你掌握了对领导声誉不利的信息。她可能真的出了错，做了蠢事，但是这并不能确定她作为一个人的品质，你也没有必要把风险推得更深。如果别人问你是否知道情况，你可以考虑不予理睬，保持沉默。在另一方面，有时候最好大声说出来，而不是让别人利用你。这方面的一个例子是当你知道一个队友正在做的一件事情，可能会严重影响团队完成任务。在这种情况下，你对团队和组织的忠诚会胜过你对队友的忠诚。不是撒谎（或者保持沉默）保护他，你告诉他你已经和老板谈过了，如果他自己承认错误，老板会更仁慈。通过这个小的谎言，你会给他提供他需要的帮助，而没有危害团队或者使命。或者，如果真的需要，你可以把真相放到合适的地方。有时候善行需要做出艰难的抉择。

打破常规6：一日三餐要丰盛

我在本书中还没有太多地谈到营养，但是作为一名追求卓越的领导者，你必须理解怎样给身体和心理补充能量。我认为营养在你的行为表现中至少要占50%。“三餐丰盛”这一神话是由工业时代的工作计划发展而来，但是人体的设计需要适当的能量补充。一整天饿了就吃，让我宝贵的午餐时间空闲了。对于精英领导者，午餐是“训练时间”，你可以在这段时间里进行锻炼，练习海豹突击队成功之道的技能，散步，还可以做点休闲活动恢复心理、身体和精神。至于吃什么，我喜欢改进的史前饮食和素食：迪奇糖和经过加工的谷物产品碳水化合物（谷物、意大利通心粉、面包），瘦肉蛋白或者素食蛋白，像坚果、蔬菜类碳水化合物和水果以及有益健康的脂肪，例如鳄梨和橄榄油。更少的摄入往往是更多的，但是偶尔的狼吞虎咽对于迷惑身体是有好处的，提醒自己吃得少感觉多么好。我个人的经验是80%的时间里诚实表现，在其余20%的时间里拼命地欺骗——生命太短暂了，不能否定你自己，这能给你一些可期盼的东西。为了更深入地探讨营养，看看我的另一本书《8周完成海豹突击队健身训练》。

打破常规7：始终真实

我希望你与亲密的团队表现真实——真实在领导角色当中非常重要。但是大多数人在与他们不太熟悉的人相处时很难表现真实。害羞和在别人面前表现出真实的自己是作为一个领导者的责任，所以有时候你在成功之前得表现虚假一点。这是你必须那么做的场合。研究行为表现艺术，给了你让观众以一种对于大多数人来说都不自然的方式关注你。为了做一个好演员，你必须走出自己的圈子，与你的全部情感进行接触，然后学会随意利用这些情感，用戏剧性的方式表达出来。尝试参加一个表演或者演讲班（宴会主持人是个很不错的资源），提高你在与新的团队或者你的组织里不太熟悉的代理人互动时的表现能力。

打破常规8：世上的好东西都不是免费的

在今天的市场上，最好的商品是信任。我们怎样赢得顾客或者客户的信任？帮助他们实现目标，不索取任何回报。顾客日益期望得到这种形式的帮助，例如免费的白皮书、免费的样本和免费的咨询。你所提供的价值也必须有真正的价值——如果你提供的一些东西他们实际上无法使用或实施，就说明没有价值。你的免费贡献对顾客越有价值，他们就越有可能把他们难赚的钱通过购买你的产品或者服务的方式投入到你这里，他们就越有可能告诉他们的朋友们，这就利用了口碑的力量。大多数人永远不会变成你的顾客，但是在那些喜欢你东西的少数人当中，你会发现愿意成为你忠实的终生追随者的资助人在日益增长。在SEALFIT网站，我早在5年前就免费分发了比我想象的还要多的东西。我喜欢这么做，结果建立了一个超过10万追随者的基地。

快速敏捷地执行

> 让一个人在阁楼上，但是给他足够的能量，他就能点燃整个世界。
>
> 安托万·圣埃克苏佩里，法国作家、航空先驱（1900–1944）

指挥官威廉·麦克雷文是我在海豹突击队三队的指挥官，他在其著作《特种作战理论》中提出，历史上特种作战成功共同遵循的五个原则：目的、重复、安全、出其不意、速度。20年后，当这位海军上将掌管美国所有的特种作战部队时，他在抓捕奥萨马·本·拉登时不折不扣地执行了这些原则。

我现在想要专注的原则是那些让我们能抓住敌人或者对手心理的原则——出其不意和速度。海豹突击队非常擅长对敌人出其不意的快速行动。抓捕本·拉登的海豹突击队员以迅雷不及掩耳之势进入院子，以至于敌人都来不及反应……他们在巴基斯坦军队还没醒过来就离开了那里。他们高水平地中途改变战术使得他们圆满完成了使命，尽管两架直升飞机的其中一架坠毁！这是一个动作敏捷保持速度，获得非凡成果的绝好范例。

在商业经营中，速度或者说高速，让你在竞争中领先，使对手失去平衡，在每个关键时刻都使对手出其不意。苹果公司赢得了创新的荣誉，但是三星因为速度而获得奖赏——他们迅速生产出具有竞争力的平板电脑，让iPad开发者感到震惊。谷歌因为发明谷歌眼镜而获得声誉，但是看谁能快速复制这款革新产品、占据市场而获得奖赏，我们拭目以待。让我们面对这个现实吧——我们通过瞬时信息转换使彼此之间的联系如此密切，以至于全世界所有人几乎都能同时变换方向。

你清楚地意识到当技术推进全球化时，变化速度在加快。如果保持静止不变，你会失去机会和动力，蒙蔽双眼。最后，当整个世界都大火熊熊时，你却陷入低温冷冻中。海豹突击队学会了在军事行动中以惊人的速度策划和执行任务。从传统上讲，一支地面部队要花三天时间计划、完成一个目标，但是海豹突击队仅在几个小时内就能迅速连续地打击多个目标，即使有障碍出现。像海豹突击队员一样，海豹突击队成功之道的领导者们通过以下方式为迅速执行任务设定条件：

- ❑ 信任在现场的人
- ❑ 应用标准操作程序
- ❑ 利用射击、运动和通讯过程

信任在现场的人

信任是领导力的硬通货。它必须双向互动：士兵必须信任领导，领导必须信任士兵。信任度低会导致执行速度更慢、代价更高，因为它减少了冒险和创新——它在本质上扼杀了你保持敏捷的能力，因此搅乱了运作过程。高信任度则与此相反。

当然，当执行任务的选手面对面时，信任很容易培养；当他们从未谋面，或者在不同的地点工作时，情况就变得复杂了。这对于现代公司来说是一个日益严重的问题。例如，因特网公司雅虎很早就采用了分散的虚拟工作方式，这被认为是未来发展的方向。据报道，当新的首席执行官玛丽莎·梅尔几年后走马上任时，她发现许多远程工作者的工作效率下降了，她面临改变许多劳动力都在家里这种公司文化的艰难抉择（公司已经失去了凝聚力和对合作的重视）。在许多工作人员的呼吁中，雅虎在2013年初取消了在家工作的模式，让那些不能合作或者不愿意来办公室工作的员工辞职。这个情景是在灵活工作仍在继续的大背景下企业郑重考虑的结果。各个团队必须密切联系，以便能以精英水平行动。想象一个海豹突击队团队根据远程电子邮件和电话会议行动，然后临时接受任务在规定时间抓住本·拉登。

这是说员工不能远程工作吗？不管你喜不喜欢，盯着另一个人的眼睛建立灵魂层面的接触，是无可替代的。此外，与一个不在“岗位”的人建立深层信任是很难的。如果让每个人都在现场工作不容易实现，你可以根据下列提示建立更多的信任：

- ❑ 如可能，使用视频会议系统。网络电话Skype是我经常使用的工具。
- ❑ 亲自策划重要的计划会议。如果有人不能到场，可以使用网络电话。
- ❑ 进行每周简报，同步工作进展，亲自到场或者用电话会议。
- ❑ 开事后庆祝会，鼓励现场参与。
- ❑ 寻找机会促进队友间聚会。

当我发起全国范围的海豹突击队候选队员导师计划时，我优先参访全国26个招募办公室中的每一个。我本来可以坐在办公桌旁，幻想着通过电子邮件搞定一切。其实按照合同要求，我并不需要花任何时间到招募地区，更不用说一个月用两周时间自己花钱在路上跑。但是你猜怎么样？每个指挥官和招聘团队都对我的来访感到很激动，许多问题和焦虑都显露出来，我不来是看不到的，项目取得了巨大成功。

计划者在后方，商业领袖和海豹突击队的军官都有大把的时间和奢侈的安全条件，指导他们的决策，但是他们与基层单位信息隔断，不知其真相，很难相信来自一线的信息，找出最好的行动路线。一方面，他们有指导者的优势和战略观点，这意味着决策经过深思熟虑；在另一方面，这些决定可能没有受到基层信息的支持，不及时，或者对于经历过现场直观性的参与者来说没有意义。

由于缺乏信任，我曾经见过由后方梯队做的错误决定比好的决定还要多；因此，我认为相信一线的人和离行动最近的人非常重要。当领导者在后方进行微管理时，像许多人做的那样，它减少了各个方面对决定的信任，使现场官员不愿意打电话汇报，即使他们很确定，也害怕事后遭到批评或者训斥。这导致了执行行动效率下降和代价高的判断错误。相反，后方微管理的领导者允许他们的现场团队做出适合基层的决定，而你在后方能做出适合你这个层面的决定，例如怎样支持使命，并与其保持一致，处理偶发事件，在一线单位陷入困境时，提供支持资源，承担起责任，以提供高层保护。信任来自一线的决定，使他们能更快速、敏捷地付诸行动，减少代价，提高成果，确保他们了解计划，相信他们能做好工作，然后为他们创造条件。

应用标准操作程序

标准操作程序（SOPs）是为普通任务简化了的常规程序（其实是过程），解放一线行动人员的思想，使他们几乎在自动导航状态中执行任务，同时把宝贵的资源集中到应对小部分独特的新问题上。对于每一个使命，它们的某些方面都是相同的。对于海豹突击队来说，这些方面包括诸如使命规划和简短的介绍过程、人们组织自己应对每一个特定的、常规任务（即地区巡逻、乘坐直升飞机或者在直接行动中进入一个场所）的方式和通讯协议。我们练习这些程序，直到海豹突击队的每一个队员每次都能用同样的方式和准确度完成它们。这让操作人员得以花费宝贵的时间和精力计划一个使命中有更多细微差别的方面，对环境中的挑战做出迅速反应。

我们来看看产品发布。基本问题，例如项目管理、版权或商标、建立网站、搜索引擎优化，每次都遵循同样的步骤。这就是为什么在假定这个组织学会操作程序，并且不必重复不必要劳动的情况下，你在第二次和第三次完成同样的任务更容易。这些方面都是实用的常规，没有它们就没有产品发布（至少没有如此高效），因此才能创建很好的标准操作程序。你同样也能预料某些频繁发生的问题，例如服务器变慢、生产延迟，因此你可以事先为这些一次性的挑战制定简单的应急计划。然而，对于你推广的每一件新产品，你必须单独策划、执行销售活动的细微差别——每件产品都将对不同的目标市场作出不同的承诺。如果你的团队已经熟记了常用步骤，他们就能把所有的时间和创造性用在突出产品的独特性，探索创新方式，吸引理想的顾客。如果有意外情况发生，例如发布新的研究结果，影响了公众对你的产品的看法，你可以很容易地转移目标解决那个问题，而不必担心中断整个任务。

你可以围绕以下几个领域开发标准操作程序：

- ❑ 你的战斗节奏——每天、每周、每月、季度、年度计划
- ❑ 使用KISS方法进行机会分析
- ❑ 通讯协议，尤其是通过电子邮件、会议、听取报告以及媒体调查
- ❑ 自然灾害类和诸如枪击或绑架等突发事件的应急计划

建立标准操作程序，从分析一个过程的关键节点开始。关键节点是你执行过程的某些部分，如果这些过程中断，就会导致整个系统的连锁故障。

假如尽管你尽了最大的努力，它们还是失败了，这时你想要创建标准操作程序，以保护关键节点和找出失败原因，但是你还想要投入一些资源，支撑那些为成功付出全部努力的系统，这样它们才不会在后来发展成为干扰系统。正如大多数概念一样，你可以单独解决这个问题，以团队层面，或者以单位层面。思考：如果失败了，什么系统或者活动会导致你的整个任务停止？什么系统或者活动会直接影响你保持敏捷性和速度？

我的海豹突击队三队指挥官麦克雷文在1994年接手指挥时进行了一次全队关键节点分析。他注意到我们的基础设施和政策如何使我们在东南亚的越南战争中保持最佳状态。此外，我们缺少培养敏捷性和该地区文化敏感性所需要的语言技能，他把这里看成是美国的下一个战场——中东。理解我们在这些关键节点上的弱点，它们如何大幅度减慢了团队对出现在除了东南亚以外其它任何地方新威胁的反应能力，甚至破坏我们的努力，他制定了先发制人的计划。麦克雷文还重新调整了海豹突击队三队的结构，把重点放在中东，把队员们送到语言学校学习阿拉伯语和波斯语。他把加强我们的关键节点与他作为指挥官使命的前瞻专注力相结合——训练、部署我们进行海上特种作

战——让我们准备好在我们的视野范围内要发生的下一场战争，与上一次的部署形成对比。由于麦克雷文的努力，当“基地”组织在2001年发动袭击时，海豹突击队迅速、敏捷地作出了反应。

一旦你找到了你的关键节点，把它们分成常规任务和非常规任务，需要在行动的整个过程中发挥作用，执行特定的、普遍重复的使命。你还应该考虑你必须完成什么样的一次性任务，来加强你一般性的关键节点，使你对你所执行的每一次使命都能保持前瞻专注力。最后，建立围绕常规任务的标准操作程序（典型的是一个带序号的列表或者流程图，规划出谁采取什么行动），训练这些程序，直到团队在睡梦中都能做这些事情。像先前提到的那样，这能让团队现在把有价值的计划、执行时间和能量用到重要和非常规的任务上。

每个负责完成特定任务的团队成员必须掌握标准操作程序。对于更复杂的或者关键的标准操作程序，例如围绕着关键节点的操作程序，你要确保至少两个团队成员掌握每个标准操作程序，就像飞行员和副驾驶员都需要掌握标准操作程序飞行波音747飞机那样，以备不时之需。同样，你想把自己准备好应对偶发事件，这也能够、并且应该成为文件化的标准操作程序，以免出现问题。在遭遇敌人时没有一成不变的计划！

标准操作程序不是在一夜之间创建并且形成的。然而，一旦你有效地使用它们，这个简单的文件和预演过程会在你始终如一地贯彻执行时，使你计划、执行像闪电一样迅速敏捷，成为进攻性思维模式的典范。

利用射击、运动和沟通过程

我们的商业环境日益呈现出战场属性，敏捷和速度对领导者来说非常关键，它们是进攻性思维模式的基本构成。海豹突击队领导者通过保持情景意识，开发、应用可靠的标准操作程序，把应对冗余和偶发事件纳入计划，以及掌握即刻“转移火力”的能力来保持敏捷性——尝试新事物，不怕失败，在失败中快速前进。这种敏捷性使领导者在执行使命中保持速度。在最紧张和激烈的时刻，海豹突击队用来提高敏捷性，保持速度的一个工具是“射击、行动、沟通”过程，称为OODA循环。“射击、运动、沟通”是一个军事战术决策概念，可以归结为缩略语OODA。这个概念是由已故空军上校约翰·博伊德创建的，这个简单优雅的工具同样能帮助商业领导者，让他们在战略性商业决策中保持敏捷性和速度。

这个缩略语代表“观察、定位、决定、行动”（分别代表Observe、Orient、Decide和Act），它的提出是为了简化快节奏的生活和空中格斗过程中生死攸关的决策。准确地说，这个过程代表了我们在商业经营中快速执行所需要的东西。OODA循环是一种心理模式，它强迫你对信息迅速做出处理和反应。你在执行这个程序时非常擅长快速做出明智的决定。你会避免分析问题时走极端，或者在淡化的解决方法中陷入困境，这通常是集体讨论决定导致的结果。

博伊德得出了简单而有力的结论，如果你能在减慢敌手速度的同时加速决策周期，结果就会向对你有利的方向发展。你应用良好的标准操作程序，有效的微管理和进攻性的决策方式加速你的运作周期。你用速度出其不意地抓住他们的心理，减慢敌人（竞争对手）的周期，迫使他们做出反应，处于守势。不管是谁在操作OODA循环，结果都会捷足先登。

我的朋友奥尔登在推销“完美俯卧撑健身器”时，其余卖俯卧撑手柄的健身公司甚至没有看到他露面。奥尔登看清了形势，知道他最初的产品失败了。他给思维定位，缩小资源范围，发明了一种更简单易用的新产品——全新“完美俯卧撑健身器”。然后他决定直接做出回应，确定了营销策略，避开了竞争对手正常的营销渠道，这一举措出奇制胜，使对手措手不及。正当竞争对手致力于传统的发行模式销售他们的健身设备时——通过大卖场零售商，例如沃尔玛、塔吉特、运动权威等百货公司进行销售——奥尔登通过男士杂志定向广告和商业宣传片，把目标直接瞄准了顾客。在捕捉消费者关注度方面他迅速占了上风，加大力度，用新广告和新商业信息片进行更深层次的市场渗透，把前期利润再投资到营销引擎中。他只有在消费者心里彻底确定了“完美俯卧撑健身器”的地位，才把产品投放到商店里，和竞争者的产品放在一起。他继续进行OODA循环过程，缩短、加快了他的决策周期，而他的竞争对手由于反应周期过慢而被落在后面。

进攻性领导者并不过度规划，将事情一概抹杀——相反，当情况发生转变时，像它一直表现的那样，你会利用OODA循环过程和它一起转变，我会在练习部分教给你如何使用。

进攻性思维始终以一种前冲力的积极性努力让你的心理和精神保持一致，使你能用必胜的坚定信心处理任何事情。正当你的竞争对手把他们的能量投入保护自己，或者规避他们的风险，防止潜在的下滑时，你会全力以赴向前猛冲，你学会了在执行任务时观察变化，迅速调整。你受到强烈意识的驱使，会运动得非常快而且顺利，以至于你的对手甚至看不见你的到来——当你从他们身边飞驰而过捕捉机会时他们都看不见你。为什么？因为你走上了海豹突击队成功之道，这种优势会帮助你在各种情况下都能获得成功。

海豹突击队心智锻炼法8

黄色雷达

运用这个练习，训练保持被动机警的“黄色状态”。例如，当你去饭店时，确保你的黄色雷达已经“打开”。观察饭店外面的环境，看看发现了什么。注意有多少人在那里，他们穿着什么衣服，他们属于什么类型。然后搜寻任何不适合这个类型的东西。例如，有人等着单独吃饭吗？有没有人站在周围看样子不像是要去哪里或者做什么事情？不是像妄想狂那样，只是注意是否有不寻常的事情，用你的直觉去感觉周围的环境。

当你进入饭店时，像你在外面做的那样，观察内部环境。注意不适合的类型和任何情况。跟主人要一个靠饭店后面的座位，以便在用餐时随时观察。在饭店用餐期间用心把所有活动记下来。在那里的整个逗留期间保持你的意识处于被动机警“黄色”状态。当你去看电影、购物、去银行等地方时重复这个练习，最后，这会变成一种意识已得到提升的永久性状态，不管你是在家里、工作中还是旅行中，甚至在玩的时候，它都能为你服务。

形成你的标准操作程序

在应用进攻性思维时，你为将要发生的事情做准备，集中精力在此刻实施快速顺畅的行动。为了搞清楚你的业务哪些方面可以进入标准操作程序，提出下列问题：

- ❑ 我和团队反复进行的是什么过程或者活动？
- ❑ 这些过程的关键节点是什么？
- ❑ 与这些关键节点相关的哪些核心任务是可重复进行的、可测量的、可训练的？

现在，把你的标准操作程序一步一步地写下来，把它们发展成围绕这些程序的一个简单训练计划，为你的特战队员使用。为取得最大的成功，使用匍匐前进、行走、跑步模式：在任务开始时寻求准确度，接下来以中等速度寻求准确度，最后在快速中实现准确操作的目标。不要忘记在发生意外时建立后备力量——记住，世界处于混乱状态，命运青睐有准备者。

OODA循环

OODA循环是一个快速的计划工具——回想它原来是为了空中格斗而设计。对于商业领导者而言，这个工具最好是用在你有压力，需要在多变环境中作出快速决定的时刻，例如我前文描述的我的朋友奥尔登的“完美俯卧撑健身器”案例。

观察你在竞争中的相对位置。他们下一步会怎样影响到你？使用你的情景意识技能，查看细节以及大场景。例如，你的产品首次上市，质量上乘，但是在市场上的价格太高。你观察到你的竞争对手引进了低价的复制品，你觉得他们会超过你。

定位你观察到的现实，越快越好，而不采取行动（尚未）。你的目标是什么——例如，不惜一切代价打败竞争对手，重获市场份额，或者为了保证质量，这可能意味着探索欣赏价值但对价格不敏感的新市场，放弃这个产品线，探索一个新的产品线，或者发现让顾客认识价值的新方法？降低价格对你的利润会有什么影响？你的竞争对手会有什么反应——他们会开始打一场价格战吗，这对你的公司意味着什么？定位是迅速处理和分析收集的与你正常计划周期有关的情报。在一次海豹突击队行动中，OODA循环几乎是实时的。对一个公司来说，这可能意味着从几个月到几天或者几周的时间使你的计划周期崩溃。

决定采取行动。这是问题的关键。采取明智的行动要好于有了伟大的决定而不行动。所以，做出明智的决定，加快你的OODA循环，同时你用欲擒故纵的办法发挥潜能减慢对手的行动速度。在我们的例子中，你决定用宣传活动支持你的产品，强调质量上乘和拥有它的欲望，使其区别于市场上的其他产品。同时你为保护知识产权提起诉讼，列出忠实顾客的博文支持，说明你的产品多么令人惊异，提防假冒产品。

行动起来，立即寻求反馈。在你的空间里查看意见领袖的博客，注意竞争对手的任何反应。从反馈当中学习，重新设定你的观察所，继续周期循环。

THE WAY OF THE SEAL

海豹突击队成功之道训练方法

TRAINING IN THE WAY OF THE SEAL

你可能从来不知道你的行动会导致什么结果；
但是如果你不采取行动，就不会有结果。

——莫罕达斯·甘地
印度民权活动家和领袖（1869－1948）

我坚定地相信，到了一定年龄之后，如果我们不寻求人生的成长，我们将开始倒退。这对于我们的身体来说确实如此——如果顺其自然，人体会发育、成长、进化，在某个阶段达到顶峰，然后开始退化、衰弱，起初很慢，之后会越来越快。然而，我们可以在人生的每个阶段用适当的营养和活动刺激我们的身体继续成长。同样，在某种程度上我们的心理能力在25岁左右发育成熟。但是从那以后会发生什么呢？我们是继续努力不断提高，还是接受我们就是现在的自己这样的观点，止步不前了？

很清楚，我们在进入成年初期还能超越那个阶段继续发展心理能力。本书的关键点就是教你怎么向这个方向发展。当你激活这个程序时，你会把这些原则整合到你人生的更深层次，直到它们变成你的一部分，构建你的现在和未来。当你培养了获得非凡成果的明确方向、专注力和力量时，这些工具会一直为你服务，往往以令人惊奇的新方式展现给你。

在我们开始前，我要警告你：根本没有完美这回事。我们都是以非凡的方式去努力，而我们本身都有瑕疵。然而，完美的努力是可以做到的。通过完美的努力，你会在训练过程中看到成功，即使你可能经历暂时的挫折或者失败（记住，每一次失败都是一次学习和成长的机会）。日复一日，在各个方面，你都会越来越好。即使每天有百分之一的进步，经过一段时间，你也会得到不寻常的效果。你每天会以一种适合你的方式训练和练习。随着时间的流逝，通过努力，你的训练计划将会转变，以适应你不断发展的需要和你经历的成长。在我们开始制定计划之前，让我们从更多的细节中看看训练原则。

慢即是稳，稳即是快

> 不要仅仅因为实现梦想需要时间就放弃梦想。时间终究会逝去。
>
> 厄尔·南丁格尔，美国激励演说家、作家（1921–1989）

当我首先从这个整合训练开始时，我以为只要通过更加努力就能加快发展。我试图强迫自己坐禅、参加空手道训练班、看几十本书、参加研讨会以及接受更多身体锻炼。我以为，我练得越多，进步就会越快。错了。这种方法导致了挫折和过度劳累，以至于中断训练。看来你不能强迫自己的发展，只能促进它。明白了这个道理，我鼓励你采用“慢即是稳”的方法。当我们把事情减慢，寻求完美的努力时，我们的身心能够更彻底地吸收对我们有帮助的概念和技术。这确保了我们在需要行动时，它们“既稳又快”地为我们所用。

在海豹突击队，我们使用一种类似的概念，用“匍匐、行走、跑步”的节奏进入每一个训练阶段。像儿童那样，你必须先学会爬，才能学走，最后才能学跑。训练的爬行阶段是你学习基本理论和基本技能的阶段——这就是本书到目前为止为你提供的东西。练习基本技能会帮你打好基础，在训练中进步更快，进入训练的更深层次。没有基础，你就有可能由于挫折，脱离正常轨道，失去平衡，完全跌落。这个阶段需要花费尽可能长的时间，这取决于你在开始时的技能水平和时间限制——我的一些学生花了几个星期时间在基础阶段提高速度，而其他人需要花一年。你要拥抱你的学习过程，享受学习新技能。

往往在一两个月的常规训练之后，你希望有所提高。欢迎来到“行走”阶段，在这里你现在可以很惬意地进行练习，看到进步，但是还没有完全整合、习惯于训练。你开始锻炼身心控制和情绪弹性，去挑战人生。你感受到了简化生活的轻松，看见了前瞻专注力应用到使命中的结果。你开始显得与众不同，与其他人相比，你非常有信心而且很成功。但是行走阶段充满了挑战：有些人在这个阶段放弃了训练，在所有的兴奋感和新鲜感都消磨殆尽之后，常常就回到了原有状态。我在本章中提供了一些建议，会帮助你坚持到底。

最后（即“跑”）这个发展阶段是将你的一系列潜意识才能发挥到极致的表现。记住，掌握海豹突击队成功之道是要坚持勤奋努力，直到你到达神秘的目的地，在那里，你被封为骑士，坐在圆桌旁。我之所以管它叫“成功之道”，是因为它为你的旅程指明了方向，提供了策略、战术、工具和动力。在本书中，我们努力用不断增强的意识和力量为你的旅途导航。一旦你踏上了这条道路，你就开始了通过把平凡的事情做得不同凡响，找到非凡的结果——最后就功到自然成了。此时就到了熟练掌握阶段。

海豹突击队成功之道整体发展模式

> 未经检视的人生不值得度过。
>
> 苏格拉底，希腊哲学家（公元前469—公元前399）

海豹突击队成功之道需要你从各种技能开始，并熟练地掌握，这些技能会使你像精英勇士那样思考和行动，去实现你人生的超凡成就。为了帮助你学会、掌握这些技能，本书为你介绍几个训练、练习和工具。例如“静水流深”，这是一种帮助你创建神圣静默的技巧或者训练方法，进而培养正念或者意识的技能。FITS、PROP和SMACC是支持前瞻专注力的使命计划工具。我也从头至尾讨论了好几个练习，没有提供直接的指导，因为我想你已经知道它们是什么了。你也可能想要得到更详细的指导，指引你追寻所选择的那些目标。例如，瑜伽是一种我鼓励学生去追求的练习，作为他们练习的一部分，因为它包含所有的五座大山，增强涉及正念和意识的许多技能，包括心理控制、注意力控制、灵活性、核心力量，等等。

就像你至今可能了解的那样，这些活动是为了用于不时之需，而其它活动如果经常实施则非常有效，不管是持续几分钟，或是稍长一点。把所有这些信息转变为整合训练计划，最有效的一个方法是使用早晚例行活动，其中的基本概要可以在附录2中找到。即使你的训练内容非常短，但是我建议你至少从这些训练内容开始，把若干个关键训练和练习融入到每天的训练系列，帮助你尽其全力，同时用有效的训练开始和结束每天的活动。我发现早晚例行活动对于我的学员来说是不可或缺的组成部分，因为它们确保你能在每天的训练过程中得到提高，它们包括心理、情感、直觉、精神大山中与关键基础技能的结合。早晨的例行活动特别有效，为积极又充满活力的一天奠定基调，在此期间你更有可能使用现场练习，把你的新技能提到更高的水平。晚间例行活动提供完美的补充内容，帮助你锁定一天的成绩，收集最重要的课程或者见解，让你带着成就感以及对未来充满信心的心情上床睡觉。

在附录2中，我已经为你提供了另外两个例行活动的概要：事前和事后例行活动。按照需要完成，例如在竞赛或者业务会议之前或者之后，这样的活动次序确保你表现出最佳状态，然后通过帮助你搞清楚你擅长什么，还有哪些改进余地，为你提供健康的收尾；在任何挫折和失败中发现一线希望；从你的经历中学习；重新设定你的训练计划，反映你的新见解，最后，把你的注意力集中到当下。

除了例行活动，根据你个人发展的经验水平，你的时间限制和你的特别需要，你将把一系列训练、练习和实践合并成一个整合的训练计划，在海豹突击队成功之道上将你向前推进。为了唤醒你的记忆，整合训练意味着你把五种人类能力，即“五座大山”进行交叉训练，我在本书的前言部分已经进行了简单讨论。它们是：

1. 身体方面：培养功能性健身和身体控制能力

2. 心理方面：培养专注力和意志力

3. 情感方面：培养情绪控制和弹性

4. 直觉方面：培养意识和直觉

5. 精神方面：培养你的精神，又称科科罗，行动中情感和心理的结合

这些能力跨越了海豹突击队成功之道的八个原则，它们密切相连，以至于很难单独训练其中一项；你姑且可以进行多项目交叉训练，五座大山共同开发，进而支持你掌握这八项原则。本书中，我重点探讨心理、情感和直觉能力，而且了解这些能力训练自然会巩固、增强你的勇士精神。我还没有花太多时间研究身体方面的能力。然而在本章你会注意到，训练计划都包括身体活动，这是必要的组成部分。

我在海豹突击队成功之道的训练中纳入了身体活动的理由是：身体锻炼是最容易看到和感觉到进步，或者发现进步不大的方面，这与我对于海豹突击队健身训练项目的学生先教身体训练的理由相同。我想要他们（和你）突破身体障碍和限制，在训练过程中建立一个通向其他四座大山的通道。另外，身体锻炼帮助你培养对身体的控制能力，把你的身体变成你整个人生稳定、健康、有力的平台。

在整合你的身体锻炼计划时，我建议你把注意力集中到功能健身上——即锻炼力量、精力、忍耐力、工作能力和持久性的计划。功能健身能锻炼你处理现实生活中的各种体力任务，不管是爬上偏远山顶20英里的长途跋涉，

还是从杂货店把购物袋拖回家。我还建议诸如身体锻炼、身心锻炼练习的补充功能健身，例如瑜伽或者太极拳，这些锻炼能提高你的灵活性和肌肉力量，以及你的注意力、从容和自我意识。（然而，这些练习在每天锻炼的情况下，不会照顾到所有的身体需要，它们不能代替你的身体锻炼。）

评估你的起点

> 能力是指你所能做的事情，动机决定你做什么，态度决定你做得怎么样。
>
> 卢·霍尔茨，美国体育新闻记者、退休足球教练（1939– ）

我以前曾经说过，但是仍值得重复：如果你渴望人生中有真正的改变，你却总是专注在不想要的东西上，是达不到目标的。经历过失败，即使是构想或者想象的失败，只会在事前产生焦虑，使你更加疲惫。更确切地说，你已经在本书中学习了怎样通过构想胜利，事先经历成功，把积极的心理和身体能量引向实现你的构想。然而，为了获取胜利，你需要知道你的起点在哪里。

在这部分里，我们将完成一个自我评价过程，帮助你选择合适的工具和适合你的训练。当你仔细考虑这个问题时，你会考虑你是否在某座山上需要更多的发展。一旦你完成了这个过程，制作一个表单，上面包含曾打动你并对现在你处于人生的什么位置至关重要的海豹突击队成功之道诸原则——当你读完这本书时，一个或者更多的原则可能马上与你产生深刻的共鸣。最后，列一张表，把你现在正在做的每一次课外活动都列出来。例如，你可能经常每周参加一到两次瑜伽训练班，或者你可能已经做混合健身训练好几年了。你也可能已经练习过形象化，学会使用积极的口号了。

你在评估中的研究成果可能会促使你替换或者按比例减少一些有利于他人的练习，但是你可能还发觉你现在正在满足某些要求。如果你已经是一位武术家，你可能不想在常规活动中加上瑜伽；如果你的身体功能很健康，就不需要在计划里增加更多的身体锻炼（你可能选择重新分配一些锻炼时间给其它需要的地方）。你用来构想的时间结构可能更高效。

一旦你对起点有了清晰的构想，我们将继续转向为你的订制训练计划选择工具和练习以及“战斗节奏”。

自我评估问题

身体方面

1. 我在健身房是否遵循了全面的功能训练规则，而不只是使用跑步机和几个举重器，或者在社区里跑几英里？

2. 在全天进行身体锻炼期间，我的身体是否舒适，是否能坚持下来？

3. 我能长时间静坐而不会感到身体不适吗？

4. 我是否达到了我所在年龄的医学健康标准？

5. 我是否对自己一整天里应该吃什么喝什么很清楚，而不是抓着什么吃什么，或者仅仅是为了填饥解渴？

6. 通常，我是否没有伤痛、疾病或全身不适，我在满足需要、参加工作和社会活动中是否有身体方面的问题？

如果你对上述三个以上问题的回答是“不”或者“可能是”（真实含义是“我不知道”），你就会从扎实的功能性身体锻炼计划中受益。我鼓励你开始进行诸如海豹突击队健身训练、混合健身运动或者90魔鬼训练计划的常规锻炼，每次一小时，每周三次。对其中几个问题是“可能”的回答要求你对当前的常规训练进行改进（也可采用类似的建议）。对大多数问题回答“是”意味着你做得很好——在这些实践中表现不错；不必对你的计划作改变。

心理方面

1. 我经常像锻炼身体那样训练培养脑力吗？

2. 我对紧急情况的反应会像飞机驾驶员那样，按照紧急程序表冷静地操作，练习控制我的反应吗？

3. 我能通过迅速做出让我感到自信的决定然后采取行动，来规避“分析瘫痪”吗？

4. 我能在任何特定情况下分清事实和演绎的区别吗？

5. 我在面对挑战时习惯于坚持不懈，几乎不会放弃吗？

如果你对其中的三个或更多的问题回答“不”或“可能”，说明你将会想要在训练计划中注重心理发展。开始使用的工具是“箱呼吸”和“静水流深”，然后通过每天进行集中注意力练习发展你的“指引”过程，消除接收到的负面信息，开发积极向上的口号。如果你回答“是”，那么你就会注重训练的其它方面，同时继续做你正在为心理发展所做的事情。我还建议你做箱呼吸和指引过程的各方面练习。

情绪方面

1. 我能否保持自己的消极情绪反应不会导致我事后做出让我后悔的决定、行动或者陈述？

2. 我是否允许自己以一种健康、高效的方式体验并表达情感？

3. 在情绪比较强烈的时候，我能反省消极的情绪，查出是什么事情激化出这种情绪的吗？我知道大多数情况下是什么原因激发了我内心的情绪反应吗？

4. 当面对有压力的形势时，例如在公路上发怒或者在航空公司的柜台前遇到问题，我能轻松地调整我的情绪状态吗？

5. 我能想起在我曾经感到生气的某个时间，决定把火压下去，因此为所有相关者创造了一个和平氛围吗（并不是因为害怕冲突）？

6. 在人际关系上我能否轻松做到亲密和开放？

如果你对其中的三个或更多的问题回答“不”或“可能”，那么你的情绪发展就需要关注和改进了。这方面用来发挥作用的主要工具是真正的交流、情绪意识和盲区形象化练习。在这个领域，瑜伽是一种非常好的长期性辅助工具，你将为自己设置的20倍挑战也是有用的工具。如果你在这个领域的答案是坚定的“是”，那么你就可以继续转向直觉和精神方面。

直觉方面

1. 在我最后几次谈话中，我听的比说的多吗？

2. 我能将今天早晨看到的三个陌生人的穿着和外表描述出来吗？

3. 我发现了自己作判断很慢，因此避开棘手情况或者妄下结论吗？

4. 通常情况下，我都会感到放松，而且经常能体验到有强烈的自尊和满足感的时刻吗？

5. 我能想起在过去的一周里有三次真正积极地倾听别人说话吗？

6. 我认识到并强化了直觉闪现或者洞察力吗，或者很随意地把它们抛弃了，认为它们不重要吗？

如果你对其中的三个或更多的问题回答“不”或“可能”，那么你的直觉就处于休眠状态，该醒来了！你的主要工具是静水流深、心理健身房、箱呼吸、瑜伽或者其他的身体练习。

精神方面

1. 在危机时刻或者犹豫不决时，我有清晰的立场和明确的价值观，来保持意志坚定吗？

2. 我知道我的目标吗？我是否正在将大多数时间和精力都投入到了实现目标上？

3. 我能看见“大局”吗，我能带着微笑和积极的态度接受挑战和挫折吗？

4. 我愿意并能够为了实现目标和梦想作出牺牲吗？

5. 我感觉到我的生活充满了价值吗？

6. 通常情况下，我能感觉到自己的存在和平静吗？

如果你发现自己对这部分有两到三个问题回答“不是”，你就需要重访与原则一和二的有关内容，尤其是花更多的时间进行海豹突击队成功之道评估，完成附录1中的焦点计划工作表。我建议你每天检查两次每日和每周焦点计划（使其成为早晚例行活动的一部分）。然后每周一次用至少20分钟时间检查你的月焦点计划，以确保随后的周焦点计划能朝着目标正常运行。同样，每个月一次，至少花20分钟时间检查季度和/或年度焦点计划，以便你能与之保持一致，并创建下个月的焦点计划。另外，我强烈建议你培养一项自己选择的精神练习——如果你觉得父母培养你的传统不够真实，那就做出艰难的决定，再找一个。不管是宗教信仰，还是无神论者爱好的冥想，精神大山上的弱点都能通过有规律的练习得到最好的处理，这些练习能给你带来平静，还会带来一种人生中有更深刻含义或者更高境界的感觉。

你的时间很有限

我理解你在繁忙生活中找到更多的时间有多难。虽然从表面上看，你似乎需要离开你的工作，将全部时间专注于海豹突击队成功之道的训练，这只是一个错觉。现实是，工具和练习很容易学会，并且能融入你的生活。此外，你训练的时间越长，你的生活就会变得越专注、越简化、越有条理，因此就会为你解放出更多宝贵的训练时间。

美国劳工统计局发布的报告显示，2012年，平均年龄在15岁以上的美国人每天花2.8个小时看电视。这几乎是每周20小时！想象一下在这个时间长度里你能做的所有事情，用那么多闲暇时间积极地影响你的心理、身体和精神。我知道这很容易，但是除非你的生计要求你以分钟为单位了解时事动态，我建议你放弃看电视。如果这对你来说难以实现，那么在你开始训练时至少30天不要看电视新闻。过了这段时间，只看看能吸引你注意力的重要新闻（例如自然灾害）。

为什么要避开电视新闻呢？原因是，大多数人都沉迷于数不尽的事件，将其当作新闻，但是大部分都是关于名人、政治家和小事件等多余的废话。此外，由于把眼球吸引到屏幕上的“恐慌因素”（进而吸引广告商和收入），电视新闻的消极影响臭名昭著，经过一段时间会对你的潜意识有很大影响——你的大脑就像一台高级功能的电脑，它输出的信息是由输入信息构成的。

为了节省宝贵的时间，对你需要知道的信息保持“消息灵通”，避开消极的输入信息，浏览一下报纸和在线新闻标题就可以了。如果信息似乎很重要，你可以深度挖掘这篇文章。每当我有时间，我喜欢每天浏览两次谷歌和华尔街日报的新闻标题，寻找影响我生活的标题，或者体现商业潮流、日益增长的威胁的标题，它们可能会影响我个人或者我的职业。

对于像你这样感觉在一天里都找不出一分钟闲暇时间的一类人，下面还有一些建议：

- 少花一些时间沐浴或者读晨报，或者提前半小时起床，为你早晨例行活动腾出时间，可能只有20分钟。这些活动包括瑜伽和其他值得关注的常规运动（五分钟）、箱呼吸（五分钟）、静水流深形象化构想（五分钟）。最后快速看一下你当天的焦点计划，可能还有你完美一天的形象化构想（五分钟）。
- 在白天，定期停下来练习“你正在喂什么狗？”背出你的能力口号，当你感觉到很消极或者你好像失去注意力或者对一天的控制时，这个练习尤其有效。当你只有短短的五分钟休息时间，比如你在喝咖啡或者等电梯时，也可以做这些练习。
- 不要出去吃午饭，用午饭时间做身体锻炼——你可以用不到一小时的时间完成非常好的功能健身常规练习。然后在办公桌旁吃饭，或者执行“按需索取”的充能计划，一整天只有在感到饥饿时吃少量有营养的小食。
- 在下午三点左右休息10分钟充电，确保你带着强烈的意愿结束一天的工作。尝试箱呼吸（五分钟）和简短的“未来的我”形象化练习（五分钟）。

- 吃饭时关掉手机和电视，与你的亲人进行真正的交流。

- 在晚上，不看电视，不上网，而是看书——即使只看15分钟的名著小说或者令人鼓舞的非虚构类书籍，也能带你到另一个世界，对你有所启迪提高。这是提高你专注力的有趣方法，通过分散集中在你身上的注意力提高你的乐观主义精神和积极态度。

- 在上床睡觉之前，练习20分钟的晚间例行活动，这应该包括：箱呼吸（五分钟），希望在哪里？（五分钟），写出你明天的焦点计划（五分钟），设想你明天在实现目标过程中顺畅地进行（五分钟）。

每个人都能找到一种方法挤出时间练习。这可能意味着你要对自己的睡眠和工作计划稍做改变。（然而，不要牺牲整个晚上的正常睡眠，这很重要——如果你为了得到更多的安静时间起床早一点，要保证你上床睡觉也早一点）。这可能意味着放弃一些责任或者分配的任务给别人来简化你的生活。对于大多数人来说，这是用有效时间替代低效时间。不管你怎么做，你开始时有多么小的提高，海豹突击队成功之道的训练计划都将改变你的生活，在为你自己和家人付出爱和支持的同时，为你实现目标提供安宁和专注力。

你的海豹突击队成功之道训练计划

> 从现在开始20年之后，你会因为没做过的事情感到更加失望，
> 而不是你做过的事情。
> 所以扔掉帆脚锁，从安全的港湾启航吧。
> 扬起船帆，迎着信风，探索，梦想，发现。
> 马克·吐温，美国作家和幽默家（1835—1910）

既然你清楚地了解你正在做的事情和你所需要的东西，检查下面的“即

看即用的训练工具”。你会发现列出的每一个训练、练习、实践项目都标出了开发每座大山的作用和海豹突击队成功之道原则。我还对每个练习付出多少时间提出了建议。浏览列表，用你的自我评估指导你选择正确的工具和练习，制定海豹突击队成功之道训练计划。一般说来，如果建议的频率提供了一个范围，以你参加那个活动和你需要的经历为基础，选择训练时间长度。

即看即用的训练工具

训练/练习/例行活动	海豹突击队成功之道原则/技能	时间
海豹突击队成功之道评估	建立你的出发点	每月根据需要更新检查/改变
“构想未来的我”	建立你的出发点	每天5-15分钟
静水流深	培养前瞻专注力	每天5-15分钟
用目标构想（亦称“练习形象化”）	培养前瞻专注力	每天5-15分钟
站岗的哨兵	培养前瞻专注力	每天一分钟数次
指引你的心理	培养前瞻专注力	每天一分钟数次
KISS	培养前瞻专注力	每月5-15分钟
想法实验室	为你的使命做好防范	根据需要5-15分钟
把疼痛转化为积极因素	今天做别人不肯做的事情	根据需要5分钟
来一次超越极限的挑战！	今天做别人不肯做的事情	每周或者每月
找到你的20倍因子	今天做别人不肯做的事情	每季度或者每年
转化你的情绪	磨练意志力	根据需要
箱呼吸	磨练意志力	每天5-15分钟
把压力转化为成功	磨练意志力	根据需要5-15分钟
你在喂什么狗？	磨练意志力	每天一分钟数次
设定SMART目标	磨练意志力	每天检查、核查/每月、每季度、每年更新
养成果断的习惯	打破常规	根据需要

例如，如果你是个有经验的构想者，你可以只选择把简短的“未来的我”构想融入你的一天，而对于不熟悉构想概念的人，可能需要每天用15分钟，或者更多的时间强化那个能力和意志力。

你的训练量将是按照每周计划的日训练量。这就是你在随后的三个样板计划中看到的。还有几个额外的每周、每月、每个季度、每年的计划内容，我在每个计划中也能看到。我计划每天的任务要花费三到四个小时完成（大多数是身体锻炼，这是我生活方式和事业的关键，因此支配了我每天大部分

身体方面	心理	情感	直觉	精神
	×	×		×
	×		×	×
	×	×	×	×
	×			
	×	×	×	
	×	×	×	
	×	×		×
	×		×	
×	×	×		
×	×	×		
×	×	×		×
		×		
×	×		×	×
×	×			
×	×	×		
	×			
	×	×		

续表

训练/练习/例行活动	海豹突击队成功之道 原则/技能	时间
养成多样化的习惯	打破常规	根据需要
找到一线希望	打破常规	每天1-2分钟
发现机会	打破常规	每季度10-20分钟
金姆游戏	培养你的直觉力	每周5-15分钟
磨练意识	培养你的直觉力	每周5-15分钟
唤醒直觉	培养你的直觉力	根据需要5-15分钟
真正的交流	培养你的直觉力	每天10-30分钟
改变话语，改变态度	保持进攻性思维	根据需要
黄色雷达	始终保持进攻性思维	定期
海豹突击队健身训练、混合健身训练或类似的训练	功能性健身	60分钟/3-5 次 x 每周
神圣的静默（静水流深）	正念/意识	根据需要5-15分钟
身体练习（瑜伽、气功、太极、舞蹈）	正念/意识	每天5-15分钟，每周2-3次，最多60分钟
积极的自我交谈和口号	积极的自我交谈/注意力控制	根据需要
焦点计划和目标检查		每天5-15分钟
专业疗法		根据需要60分钟（每年至少）

的训练时间）。如果你花在训练上的时间较少，你的计划也要随之调整——在身体锻炼上稍微减少时间，你仍然可以在一两个小时内完成所有的内容。然而，我会说，从长远来看，我对一生中长期节省下来的那么多时间，用于在五座大山方面提高自己感到惊讶，这些方面的提高让我每天能在各种情况下更有效地思考和行动。我的身体健康状态也减少了我花在生病、看医生和康复上的时间。

即看即用的训练工具注释

1. 基础元素标有星号。你的经历和需要可能决定你每隔多久把这些元

身体方面	心理	情感	直觉	精神
	×	×		
	×	×		
	×			
	×			
			×	
			×	
	×	×	×	×
	×	×	×	
×	×	×	×	
	×			
×	×	×	×	×
	×	×	×	×
	×	×		×
	×			
	×	×	×	×

素整合一次，但是不管你在哪里训练，这些都是海豹突击队成功之道领导者要训练内容的重要组成部分。

2. 时间要求指的是一个建议范围，你根据这个范围选择适合你的计划和发展需要的时间投入。如果没有列出时间框架，这意味着没有最低要求。你可以按照你的需要或者意愿随意增加花在活动上的时间。你还可能发现一些活动，例如KISS和指引过程，在训练早期你需要较多的练习，但是一旦它们包含的概念成为习惯，就可以减少练习次数了。

3. 这个模型并不包括工具（例如原则三中的使命计划工具），因为这些工具本身不需要训练和练习。

你的战斗节奏

你将在下面看到我每天的个人训练计划节奏，以及我的两个学员梅兰妮和杰夫的训练节奏。在这三个计划中，你将注意到工作周节奏的变化，其中更严格的训练适合朝九晚五的计划，与周末计划相对应，因为对于许多美国人来说，周末是陪家人和放松的时间。这些只是些样例，让你看看这三个有不同需要和责任的人是怎样安排他们的训练计划的——你可能会发现，你需要把所有的活动向前或者向后调整一到两小时，或者在周末锻炼更多的时间，而不是在工作周，这取决于你自己的工作计划和生活方式。

马克的周训练计划

由于我严格的身体锻炼计划，我每天总的训练时间要稍大于四个小时（我每天做两个小时的身体锻炼），但是，这只是我一天的一个重点。然后，我用午饭时间做更多的锻炼。为了说明情况，这个计划似乎很严格，但是实际上我有一些灵活安排。例如，如果我有一天特别忙于工作，我可能只在午饭时间做20分钟的瑜伽练习，或者我可能用更多的时间集中精力做一个特定的工作项目。在一整天时间里，我会根据计划和需要以及工作的内容，在不

马克的周训练计划

时间	星期一	星期二	星期三
早晨5:30	起床	起床	起床
早晨5:30-6:00	早晨例行活动	早晨例行活动	早晨例行活动
上午6:00-6:45	早餐/帮助德文上学	早餐/帮助德文上学	早餐/帮助德文上学
上午7:00-9:00	海豹突击队健身训练	送德文上学/海豹突击队健身训练	海豹突击队健身训练体能（1小时）/海豹突击队健身训练自卫（1小时）

同的时间和地点练习。

在周末，我允许自己睡懒觉，只有在有训练项目和重要事项时才工作。我喜欢把这个时间留给家人。对于训练，我继续晨练，周六做少量的锻炼，周日做我自称为“主动恢复”的锻炼，包括冲浪、长跑或远足，或者和儿子德文一起骑自行车。

每个月，我在常规活动中增加下列内容：20倍挑战；“全面大检查”的理疗（两次）；按摩理疗（两次）；长跑、长途行进（负重远足）或者游泳（两次）；KISS检查（一次）；海豹突击队成功之道评估检查（一次）；约会之夜（我努力做到每周一次，但是有时在旅行时就做不到了，所以我做到每个月最少四次）。

在每个季度，我增加下列内容：周末做一个个人发展或专业发展研讨会；季度焦点计划和目标审查；在一个长周末与妻子或儿子，或者和两人一起度假。我在周末度假时，继续做一些身心锻炼，例如瑜伽、气功、自卫或者冥想。

我每年增加下列内容：进行一周（或者更久）研讨会或者静修；年度焦点计划，目标审查；与家人进行两个10到14天的度假。在我静修和度假时，我继续训练，但是根据调整的计划，这取决于我们在哪儿，在做什么。

星期四	星期五	星期六	星期日
起床	起床		
早晨例行活动	早晨例行活动		
早餐/帮助德文上学	早餐/帮助德文上学	早晨例行活动	早晨例行活动
海豹突击队健身训练	海豹突击队健身训练体能（1小时）/海豹突击队健身训练自卫（1小时）	混合健身	休息和家人放松（全天）

续表

时间	星期一	星期二	星期三
上午9:00-中午12:00	工作	工作	工作
中午12:00-下午1:00	瑜伽（30-45分钟）/午餐	箱呼吸（10分钟）/沉思漫步（45分钟）/午餐	瑜伽（30-45分钟）/午餐
下午1:00-5:00	工作（特殊项目重点时间）	工作（特殊项目重点时间）	工作（特殊项目重点时间）
下午5:00-6:00	瑜伽	气功	瑜伽
下午6:00-6:15	现场练习：勇敢狗检查，“未来的我”构想（15分钟）	现场练习：勇敢狗检查，“未来的我”构想（15分钟）	现场练习：勇敢狗检查，“未来的我”构想（15分钟）
晚间7:00-9:00	与家人进餐时进行真正的交流	与家人进餐时进行真正的交流	与家人进餐时进行真正的交流
晚间9:00-10:00	阅读、陪桑迪	阅读、陪桑迪	阅读、陪桑迪
晚间10:00-10:30	晚间例行活动（10分钟）/每日焦点计划（20分钟）	晚间例行活动（10分钟）/每日焦点计划（20分钟）	晚间例行活动（10分钟）/每日焦点计划（20分钟）
晚间10:30	上床睡觉	上床睡觉	上床睡觉

梅兰妮的每周训练计划

作为一位需要量入为出的单身母亲，梅兰妮发现自己在生活中完全跟不上重要事情的节奏——尤其是她的家庭。她告诉我，在我认识她之前，她不知道怎么改变。“我听任自己在失败的情境中养育孩子。我感到失控、精疲力尽、恐惧！”她谈起了她的那段生活经历。我在想，有多少单身母亲处在这种同样的窘境？我的妻子桑迪在我认识她之前也是做了几年的单身母亲，我们人群当中这部分人的强大适应力让我感到惊异。

梅兰妮参加了一个育儿班，在那里她学到了一些处理问题的方法。但是这些方法只是更有效管理两个孩子（六岁的莉莲和四岁的德雷克）的建

星期四	星期五	星期六	星期日
工作	工作		
箱呼吸（10分钟）/沉思漫步（45分钟）/午餐	瑜伽（30-45分钟）/午餐	和德文一起进行真正的交流（如果当天大部分时间我不外出或者参加研讨会）	
工作（特殊项目聚焦时间）	工作（特殊项目聚焦时间）		
气功	海豹突击队适应性团队训练		
现场练习：勇敢狗检查、“未来的我”构想（15分钟）	现场练习：勇敢狗检查、“未来的我”构想（15分钟）		
与家人进餐，进行真正的交流	与家人进餐，进行真正的交流	约会或者社会活动	与家人进餐，进行真正的交流
阅读、陪桑迪	阅读、陪桑迪		
晚间例行活动（10分钟）/每日焦点计划（20分钟）	晚间例行活动（10分钟）/每日焦点计划（20分钟）		晚间例行活动（10分钟）/每日焦点计划（20分钟）
上床睡觉	上床睡觉		上床睡觉

议和技巧。她感觉必须还得有一种方法……一些更深层次的东西，才能彻底重新改善她的人生和生活方式。通过我的混合健身训练健身房，梅兰妮发现了我的“战无不胜大脑”项目。第一课主要讲平静心理，建立清晰的目标，这是让梅兰妮感到热血沸腾的挑战，她一生中从来没有一天做过冥想。由于多年来一直过度劳累，她丧失了寻找一刻安稳平静的能力。现在，她每天按照要求练习神圣的静默，这个练习立刻开始把平静和专注力带入了她的生活。

对于梅兰妮，她朝着积极转变迈出的第二大步是走出心理躁动，看看更大的格局（在你继续做我们的指引工具练习时会用到）。不久，梅兰妮发现她不再生活在“情感过山车”上，而是等着下一件事情的出现，让她大笑、大哭或者尖叫，她能理性地观察她的思想和情感了。这让她从被动的反应状态转移到主动的警觉状态，进一步使她冷静，充满信心。最重要的是，梅兰妮新的训练计划帮助她从深度消极状态、恐惧的心理反馈循环，转移到一种安全和自信的状态。没有外界帮助，她很长时间一直在量入为出的状态中挣扎。不稳定的金融状况使她一直处于跌入深渊的恐惧之中。通过积极性练习（“你在喂什么狗？”），她学会了信任自己，甚至对未来充满了乐观精神。经过几个月的锻炼后，梅兰妮对我说，“我的孩子们也注意到我充满活力和心情平和的变化。即使由于工作原因，我和孩子们的时间很有限，我真正能分享的时间也是非常珍贵的。我终于变成了梦想中的妈妈！”

在工作周，梅兰妮每天挤出1小时进行身体锻炼，加上另外1小时45分钟左右进行海豹突击队成功之道的其它练习，分布在一整天内。在星期三，他

梅兰妮的每周训练计划

时间	星期一	星期二	星期三
早晨6:00	起床	起床	起床
上午6:00-6:30	早晨例行活动	早晨例行活动	早晨例行活动
上午6:30-8:00	早餐/帮助孩子上学	早餐/帮助孩子上学	瑜伽（1小时）
上午8:00-中午12:00	工作	工作	工作
中午12:00-下午1:00	混合健身（1小时）/午餐	混合健身（1小时）/午餐	混合健身（1小时）/午餐
下午1:00-4:00	工作	工作	工作
下午4:00-4:10	现场练习：勇敢狗、呼吸（10分钟）	现场练习：勇敢狗、呼吸（10分钟）	现场练习：勇敢狗、呼吸（10分钟）
下午4:10-5:30	工作	工作	工作

让邻居带孩子们上学，以便她能参加瑜伽班练习。她上班后在办公桌旁吃早餐，下午锻炼完返回工作岗位后才吃午餐。有的晚上她和孩子们一起跑步，但是在从事他们活动的同时进行现场练习。在她空闲的其它晚上，当孩子们和她在一起时，她带着孩子们冲浪或者参加瑜伽训练班。周末更灵活，没有那么按部就班。

每个月，她给自己的常规练习增加下列内容：做20倍挑战训练；在混合健身训练中学习新的技能；读书。

每个季度，她增加下列内容：周末进行一个个人发展和专业发展研讨会；一个无家可归收容所志愿者转接班；一个周末和孩子一起度假。

每年，她增加下列内容：一个一周的研讨会或者静修；年度目标审查；陪孩子们进行一周的度假。

星期四	星期五	星期六	星期日
起床	起床		
早晨例行活动	早晨例行活动		
早餐/帮助孩子们上学	早餐/帮助孩子们上学	早晨例行活动（30分钟）	早晨例行活动（30分钟）
工作	工作	混合健身（1小时）/休息、和家人一起玩（当日其余时间）	教堂（2小时）/休息、和家人一起玩（当日其余时间）
瑜伽（1小时）/午餐	混合健身（1小时）/午餐		
工作	工作		
现场练习：勇敢狗、呼吸（10分钟）	现场练习：勇敢狗、呼吸（10分钟）		
工作	工作		

续表

时间	星期一	星期二	星期三
下午5:30-7:00	瑜伽或加入孩子活动	瑜伽或加入孩子活动	瑜伽或加入孩子活动
晚间7:00-9:00	与家人进餐时进行真正的交流	与家人进餐时进行真正的交流	与家人进餐时进行真正的交流
晚间9:30-10:00	晚间例行活动	晚间例行活动	晚间例行活动
晚间10:00	上床睡觉	上床睡觉	上床睡觉

杰夫的每周训练计划

杰夫在侨居欧洲时发现了海豹突击队健身训练和“战无不胜大脑”项目。压力很大的企业管理工作，加上疯狂的旅行计划，让他感到失去平衡。杰夫想改善他总的健康和健身状况，进而一步步拥有企业所有权。他还想巩固自己的婚姻，他的婚姻深受频繁旅行和不健康的压力表现的折磨。三年后，杰夫在瑞士慕尼黑创办了自己的行政辅导企业，在42岁时，他比以往更健康、更强壮。他与妻子重归于好，两人的关系更加亲密。虽然作为企业主的生活从来都避免不了有压力，但他是这样说的：“我现在绝对能以完全不同的，当然是更健康的方式应付压力。我从来没有这么幸福、这么有成就、对未来这么乐观。”

对于杰夫来说，呼吸练习、形象化练习、神圣的静默（冥想）、瑜伽练习是这个项目最令人惊讶的方面，而且也是最有效的：整套练习对他的沉着冷静、创造性、解决问题能力都有巨大的影响。“我要是在封闭的马拉松谈判期间的那些年能知道这些东西就好了！”他说。当他通过训练取得进步时，他学会了怎样应对消极状态和恐惧，包括离开一个安定的公司职位，在国外建立自己的公司，怎样从心里得到更多答案，这往往像是太专注于眼前，而不能专注于长期的成长和创造性创业精神。

从海豹突击队健身训练中摘取身体锻炼内容，在挑战过程中阶段性地向杰

星期四	星期五	星期六	星期日
冲浪或者加入孩子们活动	陪朋友		
与家人进餐时进行真正的交流	与家人进餐时进行真正的交流		
晚间例行活动	晚间例行活动	晚间例行活动	
上床睡觉	上床睡觉	上床睡觉	

夫展开。随着他健身水平的提高，他达到了有信心参加科科罗训练营，而且有信心拾起对音乐处于休眠状态的兴趣的水平，现在他能进行公演了。杰夫这样说，他在这些经历中学到的团队协作课程、领导力、从逆境中振作的精神，商学院的课程或几十本关于领导力的图书里从来没有解释得这么生动、清晰。

杰夫在工作日每天训练大约三个小时。他常常在办公桌旁吃午饭，或者整个白天饿了随便吃点，因此他能在下午抽出一小时时间练瑜伽或者冥想。他经常在下午小憩，根据自己感觉需要的项目，进行沉思性漫步或者现场练习箱呼吸之类的运动。

周末更灵活，不那么紧张。因为周末是重要的家庭团聚时间，所以他经常在那个时候和妻子一起进行户外运动或者听音乐会、家庭团聚，以及其它文化活动。

每个月或者每个季度，他给自己的常规活动增加下列内容：做20倍挑战训练；在混合健身训练或者心理发展中学习一门新技能；听音乐会；读两本书（一本是关于个人发展的，一本是关于专业发展的）；审查焦点计划和目标；参加“老大哥”计划里的一个项目；约会之夜（每月四次）。

他每年增加下列内容：一个一周长的研讨会或者隐居；年度焦点计划和目标审查；音乐公演；一个更长的服务为主、和工作有关的假日（在两个月的时间里常需要多个计划活动），和物质条件相对较差的青年一起度过。

杰夫的每周训练计划

时间	星期一	星期二	星期三
早晨5:00	起床	起床	起床
早晨5:00-5:30	早晨例行活动	早晨例行活动	早晨例行活动
上午6:00-8:00	海豹突击队健身训练	海豹突击队健身训练	海豹突击队健身训练
上午8:00-中午12:00	工作	工作	工作
中午12:00-下午1:00	瑜伽（1小时）/午餐	瑜伽（1小时）/午餐	瑜伽（1小时）/午餐
下午1:00-6:00	工作	工作	工作
下午6:00-6:10	现场练习：勇敢狗、呼吸（10分钟）	现场练习：勇敢狗、呼吸（10分钟）	现场练习：勇敢狗、呼吸（10分钟）
晚间7:00-9:00	与家人进餐时进行真正的交流	与家人进餐时进行真正的交流	与家人进餐时进行真正的交流
晚间9:00-10:00	阅读（50分钟）/晚间例行活动（10分钟）	阅读（50分钟）/晚间例行活动（10分钟）	阅读（50分钟）/晚间例行活动（10分钟）
晚间10:00	上床睡觉	上床睡觉	上床睡觉

坚持到底

纪律是目标和成就之间的桥梁。

吉姆·罗恩，美国企业家、作家、激励演说家（1930—2009）

像我先前提到的那样，许多人在进入“行走”阶段时，激情磨蚀，偏离轨道、失去兴趣、走老路是常有的事。完整人格发展的挑战是，除了通过疏通锻炼产生的明显变化，有时候很难注意到你内在的进步。这是因为你的内在成长不像身体成长那样是线性的——你不只是举起杠铃，身体更强壮。更准确地说，内在成长是非线性的，而且是指数性的。你可能走很长时间没

星期四	星期五	星期六	星期日
起床	起床		
早晨例行活动	早晨例行活动	早晨例行活动	
海豹突击队健身训练	海豹突击队健身训练	长跑	早晨例行（30分钟）
工作	工作	休息、陪妻子（当天多数时间）	瑜伽（2小时）/休息、陪妻子（当然多数时间）
冥想（1小时）/午餐	瑜伽（1小时）/午餐		
工作	工作		
现场练习：勇敢狗、冥想（10分钟）	现场练习：勇敢狗、冥想（10分钟）		
与家人进餐时进行真正的交流	与家人进餐时进行真正的交流	约会	
阅读（50分钟）/晚间例行活动（10分钟）	阅读（50分钟）/晚间例行活动（10分钟）	阅读（50分钟）/晚间例行活动（10分钟）	
上床睡觉	上床睡觉	上床睡觉	

有结果，然后突然就有了突破，发现自己有了全新的世界观、意识水平或者和平意识。下面是一些建议，帮助你把锻炼坚持到底，以便能达到成为你的习惯的那个点，然后变成你的生活方式，继续为你人生成功的螺旋式上升加油：

- 建立永久的空间。在家里为你的练习活动指定一个训练空间，这很重要，尤其是你的早晨和晚间的例行活动，保护你免受干扰。一旦你找到你的空间，把它整理得舒适一点，并准备好你需要的工具。经过一段时间后，你就能抓住你练习的能量，成为你训练里面重要的结构组成。我有许多做企业领导的客户采取了措施，在他们的工作地点创建一个训练大厅，作为练习静默时间、瑜伽和其它发展活动的场所。在巩固他们的团队接受练习，促进整合方面还需要一个漫长的过程。

让孩子们参与进来如何?

在我的“战无不胜大脑”项目中，许多父母在与孩子分享本书中一些较简单的原则时，都体验过与孩子关系的突破。海豹突击队成功之道的练习，就算不是全部，大多数也都能修改成与家人一起使用，或者让孩子单独使用的练习。其中适合孩子做的最有效的练习有：

- 真正的交流，用于建立更密切的关系和更深入地理解，这在让孩子按照你的价值观行事方面证明比惩罚更有效。
- “你正在喂什么狗？”用来保持积极的心理状态。
- KISS和前瞻专注力工具（例如深呼吸循环和建立立场）围绕目的和价值观进行讨论。
- 瑜伽和功能健身，教孩子怎样使用呼吸更好地控制自己，培养他们的身体和心理意识，提高灵活性和核心力量。

基于以上这些或者更多其他的原因，我鼓励你不要在训练中有意避开家人。这有助于保持集中注意力，走上正轨，把家人引向享受生活的新方式，同时为全家人提供了难忘的经历，实现全家人在一起训练，一起成长。

- 取得支持。有时候亲人可能感觉你花在训练上的时间是与他们分离的时间，或者他们只是不理解锻炼的必要性，例如瑜伽和冥想。这些是有效的问题，最好不要回避这个问题。跟家人讨论这个问题，甚至让你的锻炼成为组建家庭团队最好的方式！
- 保持积极主动。不管是疲惫还是受伤，尤其是与身体锻炼相关，都能使你偏离正常轨道。养成卓越和磨练意志力的习惯（原则五），会帮助你度过那些受挫折的时刻。经常检查你“存在的理由”也很重要。我每天都审查我的目标，这能鼓励我把训练保持在前瞻专注力上。

- 跟踪你的进步。有些时候你感觉不到任何区别，或者感觉你没有任何进步。那么你为什么还要找这么多麻烦呢？为了克服这个障碍，用你的焦点计划去衡量你的努力，包括你认真选择的微目标、目标和每天记载的练习。当你思考你的成绩，以及随着时间的推移，你呈现给世界的形象，你会获得信心，相信训练正在创造奇迹。

- 更新你的计划。新颖已被磨蚀……现在是什么样了？坚持参与，尽最大的努力，用多样化给锻炼内容增加趣味（原则六）。当你做季度和年度审查时，你可以更新计划，给你的训练重新充电。尝试新的练习或者追寻新的技能，改变你的常规计划，实现新的目标。

- 加入练习团组。你不必一个人锻炼。找一个游泳伙伴或者练习团组，对于增强责任心和为团队贡献力量非常有帮助。这在我们的在线“战无不胜大脑”社区中是自发进行的，而且真正帮助了学员坚持到底进行训练。

团队中的“我”

> 标准并不是老板制定的规则；它们是一种集体的身份。
> 记住，标准是你一直做的事情，是你们要对彼此负责任的事情。
> 麦克·克孜克维斯基，美国男子篮球队教练（1947– ）

海豹突击队在团队效能领域里的声誉是无可争辩的。在技术和战术下面，我们的效能来自具有克己精神的士兵组成的集体动力，就是本书实践的这种精神。但是，虽然每次特种作战队员都那么强大，我们从来不是单独做任何事情。你曾经加入过开足马力的获胜团队吗？你的队友之间的协同作用、共享的责任感和使命焦点是明显的，对吗？每个人都很幸福、健康、有积极性、尽力而为、完成似乎不能完成的任务，正像你所猜到的那样，这些团队极不寻常！如果你参与过精英团队，你是幸运的。市场上有这么多书，还有价值十亿元的训练行业专注团队建设，为什么大多数团队都不符合标准?

部分原因是缺乏每个人对自我克制的承诺。然而，一个获胜团队不仅仅是精英水平行动个人的集合。个人因素只是方程式的三分之一。团队的文化和精神是第二个三分之一，组织的结构和支持才使得团队完整。学会怎样在团队和组织层面完全贯彻海豹突击队成功之道，值得用一本书来论述每一个问题，将来有一天我希望有机会去写。同时，我想要简单谈谈团队中的“我”：你怎样开始实践内在的变化，去支持你的个人发展——你的个人发展如何积极地影响你的团队？你在团队里的意识和自我意识比坐在西藏冥想发展得还要快。我们都有团队——家庭、社会团体、工作团队——我们花许多时间和他们在一起。我们把那段时间定为训练时间。无论你是否处在领导岗位，都可以把在本书中探索的许多原则介绍给你的团队。呼吸练习、指导性形象化练习和计划工具都是积极影响你的团队经历非常好的方法。利用会议作为机会检验你不断提高的意识技能，把前瞻专注力的策略应用到你的下一次任务中。另外，在任何适当的时候通过和他们分享你的训练和经历的细节，为你的团队做海豹突击队成功之道的示范——让他们看到那些东西是怎么为你服务的。

当我们以“锻炼自己”的方式接近团队，同时“在团队中工作”时，那么我们作为个体，作为精英力量就为团队文化做出了贡献。这把我们自己的能力提高到一个更高的水平，以促进个人发展和团队成功的螺旋式上升。

用有话直说的方式进行交流

虽然许多领导模式注重传递强有力的愿景，鼓励大多数人，但是事实上，倾听他们说话，在获得他们的信任方面更有效。一个庞大的共同愿景肯定会变成一个凝聚点，你围绕着这个凝聚点建立你的团队文化，但是记住，每个人都以不同的方式解读愿景，以他们的个人盲点和盲区为基础。

如果你不能真正在内心分享一个普通的经历，既会导致交流不畅，也会被恶化，因此会进一步加剧误解、不信任，最终使任务失败。因此，以实话实说方式有效地交流是团队技能的关键。对于一个建立信任的团队，必须要授权倾听和交流，以及促进这些努力的机制。在海豹突击队，我们使用的机制是简报和汇报。让我们更密切地关注这些有价值的工具，每个工具都有不同的用途。简报是在原则二中讨论的，是在任何训练和真正使命执行之前完成的。简报是一种向团队传达重要信息非常准确的方式。简报也是团队何时提出关于使命和角色问题的方式。没有简报，使命的效力会大大降低。你可以很容易地把本书中所有的使命计划和目标设定工具应用到团队层面。

汇报发生在使命完成之后，它是连续反馈和过程修正的主要机制。在汇报期间，团队审查使命的每一个方面，包括各种促使个人行为或者团队表现提高的信息。另外，任何关于组织结构的问题，不管是积极地，还是消极地影响了使命，都会提交到各级领导层讨论。这个过程很简单，但是并不容易使用，因为它假定了高度信任和责任感已经存在于团队之中。该过程如下所述：

1. 完成使命后尽快汇报。团队领导会经常审核评分，或者你可以指定别人督办。允许所有人以循环的方式说话——应该鼓励所有的队友找到要说的东西（有时候沉默者的贡献最引人入胜）。

2. 在执行任务中发生的一切，不管是好的、坏的、丑陋的，都要拿到桌面上讨论。这包括个人和团队的表现、学过的课程、出现的问题，以及突破和在执行任务期间同时发生的革新。你可以把话题分散，集中精力谈话，或者绕着桌子转一转，看看发生了什么事情。

3. 所有人都一致认为，尽量不要事必躬亲——自我价值感在门口进行检验。在汇报中所说的关于个人表现的内容会保留在汇报中，除非组织层面要求矫正行动。新队友将学会在这方面信任团队，因为他们遵守这个团队领导和全体队友制定的规则。如果会议脱离正规，进入个人攻击状态，引导者应该使用“你在喂什么狗？”的练习（或者任何能为你的团队把话题重新引向积极方向的努力），马上回到事实上来。

4. 分析每一个项目，找到提高个人、团队或者组织的方法。换言之，汇报不是一个抱怨的过程。应该明智地利用时间，注重团队制胜文化的不断改进。

5. 注意行动项目，通过对单个的训练计划或者操作、管理或组织过程作出改变，进行跟踪。

团队汇报是我向美国女子自行车队在备战2012年伦敦奥运会期间介绍的关键工具之一。当她们带我进入她们的团队做顾问时，她们和教练之间的交流发生了问题，而且有内部信任问题；他们每次在一起工作的时间从来没有超过两三个星期，现在在一起的时间超过了半个月。作为个体，她们习惯了做最佳队员，但是作为团队，她们只有五秒钟的时间争夺奖牌。

首先，我鼓励团队中最有经验的运动员詹尼·里德在与教练人员诚恳直接交流方面起领导作用。此外，我们在每次训练结束后创造了一段时间作汇报——首先，只是在运动员之间，然后，和有关教练一起。“不要感到无能为力，”詹尼告诉队友，“我们坐下来构想我们团队需要什么，使训练发挥作用，来弥补那五秒钟！”她让队友写出经过修订的训练计划，交给教练。

不久，她们汇报的谈话从“教练要我们这么做，这没有用！”变为“我们竭尽全力实现我们相信的，把损失的时间弥补回来，让奖牌唾手可得。”她们学会了不惧怕在正确的时间出现问题和冲突——她们不否认或者忽视她们对失败的真正恐惧和不确定性，相反，她们用“如果我们在一起就能做到”的积极能量在努力。

等她们到了伦敦参加奥运会时，这个失败队有一种团队先前未发觉的信心。她们在半决赛中打败了被大多数人看好的澳大利亚队，使世界（和她们自己）感到震惊，接下来还在与英国队的比赛中获得银牌。后来，她们告诉我，“我们学到的是，你不需要一个机构、传统、兴奋剂来创造卓越的表现。用正确的注意力关注正确的事情，就有可能产生这种突破。”她们令人万分惊讶的表现在后来的纪录片《个人的金牌》里面有详细的描述。

对于能发挥良好功效的简报和汇报，队友们必须是好的听众。我强烈建议以团队形式练习原则七练习部分“真正的交流”，作为汇报过程的一部分。这会帮助你使你头脑中的批评性意见安静下来，以便你能更好地倾听你的队友在说什么，你的队友也能学会做同样的事情——你能学会互相倾听，可能最重要的是，真正地互相倾听。

THE **WAY** OF THE

SEAL

AFTERWORD : LEAD WITH YOUR HEART

后记　用心领导

不管门有多么狭窄，严惩绵延不断，我依然是命运的主人：
我是灵魂的统帅。
威廉·欧内斯特·亨雷，英国诗人，评论家（1849－1903）

当你走上培养自我掌控力的道路，你就会坚持真理，开发智慧，然后用心领导。真理是通过智力的提炼而发现的，而智慧和情感是通过道德勇气发现的。冒着损失和失败的风险磨练道德勇气——给你带来挑战，使你遇见了真正的自我。虽然我已经投入挑战，在人生的失落和失败中挣扎，但是我在两者中的成长不可估量。现在该你拼搏了。

我们面临的全球模式变化的类型，需要驾驶大船驶向新方向的工作压力非常大，以至于无法期望任何单一的政治、精神、学术或者勇士领导奋起带领我们度过混乱。不，它必须是一个人、一个团队和系统层面的努力，在这个方面我们联合起来赢得荣誉、勇气和承诺。这一次不仅是为了你的主队，而且还为了我们人类的主队。我能为你提供什么灵感指引你前进？海豹突击队成功之道的立场怎么样？

1. 我知道我为什么做我正在做的事情。我不允许痛苦或者愉悦之风把我吹离我的立场，我也不会按照其他人的意愿转移目标。我接受风险、失落和失败，作为我旅程中的不可或缺的伴侣和老师。

2. 我在人生舞台上寻求胜利之前会首先赢得内在的胜利。我决心致力于自我掌控。

3. 面对挑战时，我拥抱逆境，完成任务，不断地迎接下一个任务。我知道我比我想象的能力强20倍。

4. 我在思想、话语和行为方面表现出正直、真实——我独自一人、和队友一起并在“系统”内定义我的人生。

5. 我从不避讳艰难的领导角色，然而，当轮到别人时，我会退让。我不追逐权利、荣誉、金钱或者名望——相反，我在自我掌控的旅程中追求带头和服务的经历。

6. 我受我的激情和目标的驱动，而不是对头衔和荣誉的渴望。

7. 我迎接挑战，努力自控，渴望磨练意志力，以便每天都能赢得受尊重的三叉戟勋章。

8. 我在训练中或者“行动”中从不放弃，我从来不会让一个队友落在后面。

9. 我承认内在智慧，并向其开放，一直在寻求拓展我的意识；根除错误的思维；培养强烈的心理、身体和精神联系。

10. 我在做所有的事情时都努力保持革新、创造力和进取精神。我不怕失败，我从来不回避风险。我一直在学习和成长。

11. 我非常主动、切合实际地训练，经常温习基础部分。我对任何事情都不认为是理所当然，我不知疲倦地磨练我的技能，希望达到卓越的效果。

在不久前的一天，我和格兰·杜尔提在海豹突击队健身训练总部进行了一次关于训练的交谈。格兰是前海豹突击队员，我的高级教练之一，他很热衷于我们的项目，但是他真正的职业是受雇于中央情报局。

“你什么时候回到操场上来，格兰？”我问。

“我星期三要出门，”他说，“我希望这是我的最后一次。”

“真的？那太好了！”我的声音表达了希望格兰不久辞掉这份工作的愿望。服务于海豹突击队和“其他机构”20年以后，他已经付出那么多，冒了那么多的风险。他心胸非常开阔，不折不扣地执行我概括的海豹突击队的立场，但我为他担忧。

“是的，我厌倦了这该死的东西。我想安定下来，钻研点儿新东西。”格兰说。

那是我最后一次见到他。我在2012年9月12日从我们共同的朋友《狙击尖兵》的作者布兰登·韦伯那里收到短信，“有个坏消息，格兰在利比亚丧生了，”这是短信的全部内容。我听说了利比亚班加西发生的骚乱，那段激怒了伊斯兰信徒的假想视频，但是一群暴徒袭击大使馆使我惊愕。美国在保护它的外交驻地方面通常都做得很好。我和我的团队对这个消息都很震惊，希望得到更多的信息。

我所知道的是，在那个不详的日子，像我所预料的那样，格兰坚持着战士的行动准则，为我们所有人强化了勇士的精神气质。虽然我知道的细节只有这么多，但是格兰和他的队友泰·伍兹，也是一名前海豹突击队员，坐在班加西的安全屋里听到了炮火声。通过广播，他们也听到了大使馆工作人员的呼救声，我能想象他只花了很短的时间去思考，然后建议站长考虑他们的计划，然后跳进车里。格兰和泰从逃跑的利比亚保安人员手中夺过武器，一路打进大使馆，解救了18名美国人。经过4个小时的枪战，大使馆终于得到保护，他们返回了安全屋。不幸的是，他们被包围大使馆的好战武装分子尾随——在100：1的不利境地中，这些勇士又勇敢地战斗了10个小时，直到一发迫击炮弹摧毁了他们的最后阵地。

格兰是个鼓舞人心的人物，他的精神融入了这本书。班加西的故事没有完整地讲出来，但是格兰和其他真正和他一样的勇士们教给我们用心领导，冒着危险去做正确的事情有多么重要。你可能没有遇到过死亡的威胁，但是如果你把生命交给每一天，如果你把卓越的表现作为习惯，为保持最高标准而生活，为了每时每刻的行动做准备，你就能获得和英雄前辈们拥有的同样不寻常的结果。

让这些勇士们的牺牲成为唤醒我们的召唤吧——让我们把荣誉赋予他们和我们自己，继续前进，前进！

附录1　焦点计划

经常检查你的焦点计划会使你每天都能采取有力的KISS行动。你不会把时间浪费在不能让你实现目标的任何事情上。当你每天、每周、每月/季度、每年把超级注意力都集中到和你的爱好、目标和使命有关系的首要两三件重要事情上的时候，你的思想和行动就自然一致了。当你保持一致状态时，就更容易不断取得胜利，建立信心，进而支持你简化努力，进入螺旋式上升的成功状态中！

根据你需要的次数复印以下工作表。对于每张工作表，不要忘记填写适当的日期、月份、季度或者年份。

每日/每周焦点计划 ____________________

一件事（我今天和/或这周要完成的最重要的事情）：

____

____

优先任务（我今天或者本周必须完成的任务）：

____

____

项目（每天至少完成一步）：

______

______

联系人（我需要联系的人的电话/电子邮件）：

______

______

习惯（我本周要做的事情，以及如何做）：

______

______

感悟、想法、灵感（在附录2早晨例行活动里出现的任何想法）：

______

______

季度焦点计划 ______

一件事情（我这个季度要完成的最重要的事情）：

______

______

本季度最重要的三个目标：

______

______

每个目标中最重要的三个任务：

______

______

重要联系人：

______

______

需要整合的新习惯：

____

____

感悟、新想法和灵感：

____

____

年度焦点计划 ______________________

目标/我的人生愿景（在发展过程中执行和调整）：

____

____

我的业务和工作角色愿景（在发展中执行和调整）：

____

____

最重要的六个价值观（以及为了接近这些价值观我今年能做的）：

____

____

我人生中最重要的三个使命目标（在发展中执行和调整）：

____

____

我未来三年最重要的三个使命目标（在发展中执行和调整）：

____

____

我今年最重要的三个目标：

____

____

为了实现最重要的三个目标必须做的事情：

____

____

最重要的20个联系人：

____

____

需要整合的新习惯：

____

____

感悟、想法和灵感（拥有的/存在的/待办清单）：

____

____

附录2　充电仪式

每天根据需要做这些充电例行活动（可以在重要事件之前或者之后分别稍作调整）有助于锻炼心理，在积极的、强有力的“行动区”状态下，开始、结束每一天和每个重要挑战。

早晨例行活动

当你早晨醒来时，你要做的第一件事情是喝一大杯新鲜的水，拿着笔记本，找一个安静的地方，舒适地坐下来——最好适合你沉思和形象化构想的地方——问问自己下列积极的问题。写下出现的任何内容。

- ❑ 我今天感谢什么人、什么事？
- ❑ 我今天为什么激动，我盼望做什么？
- ❑ 我的目标是什么，我今天的计划把我和目标联系起来了吗？
- ❑ 我今天是怎么向我的目标发起挑战的？
- ❑ 我今天能和谁接触，为谁服务，感谢谁？
- ❑ 我的目标与我的目的仍然一致吗？

接下来，用至少五分钟时间做箱呼吸，然后至少用五分钟时间进行沉思性运动（我有时候至少用一小时思考）。我喜欢瑜伽，但是太极、气功或者一段暂短的沉思漫步也很奏效。最后，在你开始新的一天之前，审查你的每日焦点计划。做出任意调整，确保与你早晨问题的答案一致，为你的关键项目或者训练计划留出整块时间。

晚间例行活动

在你安定下来准备晚上的活动之前，拿着日记本在一个安静的地方舒适地坐下来——最好适合你的沉思和形象化构想——问自己下列积极的问题。写下出现的任何内容。

- ❑ 我今天处于“打开”和专注状态，还是“关闭”状态、失去平衡？
- ❑ 这种感觉是怎么产生的？
- ❑ 我今天完成或发生的头三件积极事件是什么？我从中学到了什么？
- ❑ 有什么没解决的问题需要我今晚用潜意识帮助我解决？
- ❑ 今天出了什么问题？解决问题的希望是什么？

现在进入冥想状态，使用深呼吸或者箱呼吸，然后进入你的心理健身房，审查你的主要目标，继续你正在进行的形象化构想。在心理健身房时，把任何困扰你的问题或者难题提交给你的顾问或者你的潜意识。第二天注意你做的梦和任何清醒的想法——答案通常会在那里为你准备好了。

事前例行活动

当面对重要使命、竞赛、挑战时，使用这个仪式，你一定会处于巅峰状态。一旦形成习惯，这个仪式会对你的表现有很大的影响，这可能是一个5分钟的练习。

首先，当你接近事件时间时（取决于持续时间和事件难度，这可能需要几天、几小时或者几分钟才能开始），采取措施避开外部干扰（有些事件，像比赛或者锻炼，有已知开始时间；其它事件的开始时间是未知的，但是这个原则两种情况都适用）。因此，找到一个安静的地方，你可以一个人，坐在车里或者单独在一个房间里比较合适。如果你在人多的地方，只要坐下来，闭上眼睛，就会感觉只有你一个人了。不要担心别人怎么看你——他们可能会嫉妒你在这么多人面前关照自己的勇气，而不是关注普遍情况下紧张地事前闲聊。

接下来，“预演”一次形象化练习，提高你在事件中的表现能力，同时降低敌人的气焰。敌人可能是现实中的对手、其他竞争者，甚至是董事会成员！在这种形象化构想中，看着你自己主宰形势，完全在你的掌控之中，看着你的竞争对手停止对抗，向你表示祝贺，或者很虚弱，能力不够——任何适合于你的情况。你基本上想要看到自己强大，粉碎挑战，使你的对手虚弱，容易攻破。做这两部分的形象化构想很重要，因为我们倾向于给对手和挑战比它们应得的更多的力量——我们需要把对手削弱，使我们自己强大起来。在上述活动的每个阶段，当你看到这些形象在你的心里呈现时，把你的注意力集中在你的生理和心理状态上。在预演期间进行深呼吸。这样就把活动的其余时间分给了这个阶段。

接下来，审查你要完成的使命或者挑战的目标和战略。想象你自己轻松地完成了这些任务。仔细检查你此刻现实状态下的战略：这是KISS项目吗？你需要在最后时刻做修改吗？有没有办法使它再简单些？你准备好了用应急计划处理意外事件吗？

最后，当你完成事前例行活动，准备实施时，用一个强有力的口号开始一次内心对话，以保持积极的思维模式、言语、姿势和存在状态。

事后例行活动

用前文中“一线希望是什么”的练习开始。当你完成这个问题时，你会想要把注意力重新指向一项新的使命或者挑战，重新实施你的计划和训练。

这将是一个重复的过程，但是这可以根据这个事后例行活动中所记载的接下来发生什么的想法开始。当我在混合健身公开赛比赛时，我得认真考虑是否再做一遍——用于独特技能训练的时间投入非常少，让我稍微有点偏离海豹突击队健身训练身体锻炼模式的轨道。这个事后方向修正能揭示许多有趣的事情。如果你志愿发起挑战，像“铁人”竞赛那样，但是你并没有真正享受这个过程或者事件怎么办？你想再做一次铁人，只是因为你能做吗？我不愿意浪费我生命中大部分时间去为了我首先不喜欢的事情训练！你能设定的另一个20倍挑战是什么？

对于一项商业投资，其结果可能是你的第一招脱离了目标。同样的事情，你想再试一次吗，如果你愿意，你怎样调整方法？大多数冒险型创业都需要三到四次尝试，才能找到产品或者收入模式，做到有的放矢。重新构建、反省、重新定位你的努力有助于你保持目标，朝着正确的目标前进。确保在这个过程中，你还能重新与你“存在的理由”联系上，直接追寻新的目标，给自己重新补充能量，以便你在第二天返回运动场时能全力以赴。

附录3　海豹突击队成功之道书单

下面是我在人生旅程中发现的有帮助的书单，我觉得你们也会喜欢。以下图书按照类别划分，次序不分先后。

成功和领导力哲学

《战无不胜大脑》，马克・迪万　著

《万物之理》，肯・威尔伯　著

《追寻生命的意义》，维克多・弗兰克尔　著

《思考致富》，拿破仑・希尔著

《成功天书》，拿破仑・希尔著

《唤醒心中的巨人》，安东尼・罗宾斯著

《活得安详》，释一行　著

《瑜伽经》，帕坦伽利　著

《人生的思考》，詹姆斯・艾伦　著

《精神控制法》，乔斯・席尔瓦　著

《当下的力量》，艾克哈・特托勒　著

《祖父》，汤姆·布朗二世　著

《四个小时的工作周》，蒂莫西·费里斯　著

《天才密码》，丹尼尔·科伊尔　著

《领导的灵魂》，迪帕克·乔普拉　著

《领导与自欺》，亚宾泽协会　著

《寻找勇士精神》，理查德·亨克勒　著

《释放内心的勇士》，理查德·马克威茨　著

《一个哲学战斗机飞行员的思想》，詹姆斯·斯托克代尔　著

《论杀戮》，戴夫·葛罗斯曼　著

《五轮书》，宫本武藏　著

《孙子兵法》，孙武　著

《艺术之战》，史蒂文·普莱斯菲尔德　著

《永恒的身体 永恒的心灵》，迪帕克·乔普拉　著

《如何回答是好》，彼得·布洛克　著

《当下》，斯宾塞·约翰逊　著

《我发明的一生》，沃伦·本尼斯　著

《面包师雅各布》，诺亚.·宾谢　著

《高效能人士的七个习惯》，史蒂芬·柯维　著

《哲学的故事》，威尔·杜兰特　著

《思考，快与慢》，丹尼尔·卡尼曼　著

《流动》，米哈伊·奇克森特米海伊　著

《丰度》，彼得·戴曼迪斯、史蒂文·科特勒　著

科科罗与勇士精神

《战士的心灵》，山姆·谢里丹　著

《心力》，和美田端　著

《空手道：我的生活方式》，船越义珍　著

《一天一生》，中村忠　著

《勇士精神》，史蒂文·普莱斯菲尔德　著

《天生就会跑》，克里斯托弗·麦克杜格尔　著

《每个问题都有精神解答》，韦恩·W·戴尔　著

《瑜伽之光》,B. K. S.延加　著

《调息之光》,B. K. S.延加　著. .

《禅心，初学者之心》，铃木俊隆　著

《禅宗三大支柱》，菲利普·卡普乐　著

《精神觉醒》，汤姆·布朗　著

《直觉勇士》，迈克尔·杰克　著

《战士思维》，迈克尔·阿什肯　著

《武士的生活方式》，弗里斯特·E.摩根　著

《精神要义》，罗杰·沃尔什　著

《火之门》，史蒂文·普雷斯菲尔德　著

《永不破碎》，劳拉·希伦布兰德　著

《漫漫长途》，斯拉沃米尔·拉维茨　著

《极度恐惧》，杰夫·维斯　著

《特种部队：案例研究》，威廉·麦克雷文 上将　著

《勇士精英》，狄克·考奇　著

《你要我做什么？》，杰夫·克劳斯　著

《雄心和铁拳》，埃里克·格雷腾斯　著

健身和营养

《8周完成海豹突击队健身训练》，马克·迪万　著

《混合健身训练日记》的两篇文章“什么是健身？”和“什么是混合健身？”，格莱格·格拉斯曼　著

《初始的力量》，马克·立普托　著

《天然荷尔蒙增强》，罗伯·费金　著

《旧石器时代健康法则》，罗伯·渥夫　著

《护脚圣经（第四版）》，约翰·冯霍夫　著

THE WAY OF THE

SEAL

ACKNOWLEDGEMENTS

致谢

这本书走过了很长一段旅程，但是这仅仅是进入新的冒险世界漫长旅程的第一阶段。当然，这本书不是我一个人完成的——它代表了我多年来的收获和来自许多导师的想法和见解。我的合著者艾莉敦促我把写作过程中的每一个环节都做得更好，把我那些迥然不同的想法进行整理，因此，在编辑过程中大大提高了本书的质量。谢谢你，艾莉！我在《读者文摘》图书公司的编辑安德里亚·奥·莱维特为本书的结构和语调提供了非常宝贵的建议，我值得信赖的代理人凯文·莫兰在我转移到其它项目很长时间之后一直在努力，为这本书找到了落脚之地。安德里亚和凯文，谢谢你们！

请允许我向我的第一位真正的指导老师，诚道空手道的创建者凯奇·上田祯·中村致谢。凯奇和他那些难以置信的学生和老师为我培养自己的意志力、情绪控制和精神力量提供了坚实的基础。谢谢你们，凯奇先生和诚道团队！

我的瑜伽老师，蒂姆·米勒也特别值得一提。蒂姆在瑜伽界是个传奇，我很幸运，他就住在我的家乡加利福尼亚的恩西尼塔斯。蒂姆是美国第一位瑜伽教师，由现代阿斯汤加瑜伽的创始人帕塔比·乔伊斯授衔。蒂姆和凯奇让我懂得了“教而有道”，以及如何把我的话语付诸实践。我要感谢安东尼·罗宾斯，在我还是个年轻的海豹突击队员时，是他的《唤醒内心的巨人》启发了我。在我服役于海豹突击队时，我从头到尾把这本书读了两三遍。我在本书中提出的价值开发练习就是受到托尼的启发。我还要感谢“战无不胜大脑学院”的学生比尔·凯夫，凯夫为了给我提供强有力的支持，在斐济的度假胜地为托尼效力。

我非常欣赏肯·威尔伯为世界的整合理论做出的贡献——本书正是受到这个理论的影响。其他老师们、导师们和我想要表示感谢的朋友们包括追踪师学校的汤姆·布朗、齐藤忍术学校的肖恩·菲尔普斯（肖恩对“五座大山”哲学的创建很有启发）、“混合健身训练”的创立者格雷戈·格拉斯曼（格雷戈对我的海豹突击队适宜性训练很有启发）、《旧石器时代健康法则》一书的作者劳勃·沃尔夫（劳勃的理论启发了我有关营养和补充能量的观点）、“伤痕理论”的创立者杰里·彼得森（杰里教给我自信，他的这个理论对我的训练很有启发）；作者塞思·戈丁、罗伊·威廉姆斯、史蒂芬·普莱斯菲尔德，他们的著作对我都很有启发。

在海豹突击队的团队里，我有幸与一些世界上目标最明确、最聪明、最热情的勇士们合作，他们为我作为海豹突击队员的发展指明了方向，尤其在我遇到问题的时候。这个名单包括但不仅限于，海军上将麦克雷文、霍华德、梅斯、博内里；上尉麦克泰、帕鲁索、威尔逊、奥康奈尔；指挥官齐克和沃萨博；士官长克兰普顿、拉斯基、马舍克、马丁；以及在海豹三队、海豹突击队运输一分队、海豹十七队、海军特战队一队和太平洋特种作战司令部的其他队友们。

要特别感谢我的海豹突击队健身训练和混合健身训练团队的教练们、支持者、全体队员，包括兰斯·卡明斯、克里斯·史密斯、丹·塞利罗、布莱德·麦克劳德、查理·莫舍尔、肖恩·西阿特、西恩·雷克、丹·米勒、戴夫·卡斯特罗、罗里·麦克南、格雷戈·阿蒙森、托尼·布劳尔、埃里克·拉尔森、德里克·普莱斯、杰夫·格兰特、迈克尔·奥斯托兰克、斯图·史密斯、汤米·哈肯布鲁克、林赛·巴伦苏埃拉、瓦莱丽·沃柏罗尔、里奇·沃尔乃提、辛迪·夏普曼、凯瑟琳·夏普曼、梅兰妮·斯里夫卡，以及许多其他队友，感谢他们的忠诚、技能和幽默。

谢谢苏茜和里斯·迪万（我的妈妈和爸爸），他们一直在支持我，在我整个人生中教会我许多道理。我要永远感谢我的妻子桑迪，在我过山车式的事业旅途中，她一直是我了不起的好朋友和支持者。还有我的好朋友和儿子德文，他让我笑声不断，让我诚实。谢谢，桑迪和德文！

最后，我要把难以言表的感谢送给我所有的队友们和他们的家庭，因为他们为这个国家牺牲了很多。加油！

马克·迪万